AF246869

LÉO CLARETIE

FEUILLES DE ROUTE EN ROUMANIE

* *

A travers le Pays

L'ARRIVÉE — LA COUR ROYALE — BUCAREST — LES
ŒUVRES D'ASSISTANCE PAR LE TRAVAIL — AU
MONASTÈRE DE CERNICA — PAYSANS DU DANUBE
— DE QUELQUES USAGES — SLANIC DE PRAHOVA —
EN PROVINCE — LES ROUMAINS A PARIS

PARIS

BIBLIOTHÈQUE INTERNATIONALE D'ÉDITION
E. SANSOT & Cie
9, rue de l'Éperon, 9

1913

FEUILLES DE ROUTE

EN

ROUMANIE

LÉO CLARETIE

FEUILLES DE ROUTE EN ROUMANIE

**

A travers le Pays

PARIS

BIBLIOTHÈQUE INTERNATIONALE D'ÉDITION

E. SANSOT et Cie

9, Rue de l'Éperon, 9

Préface

L'accueil qu'a reçu mon premier volume de Feuilles
de Route en Roumanie : La Roumanie Intellectuelle Contemporaine, *m'encourage à publier ce
second volume :* A travers le Pays.

*On a accueilli favorablement, dans le premier vo-
lume, les études consacrées à l'Œuvre Littéraire de
Carmen Silva et au Folklore Roumain.*

*La partie consacrée à la Roumanie Littéraire d'au-
jourd'hui a subi des fortunes diverses. Les uns ont
loué le souci sympathique de l'auteur, qui a voulu
révéler à ses compatriotes tout ce qu'il y a de sève, de
vigueur, d'ardeur dans le génie roumain régénéré.*

*D'autres ont blâmé l'auteur ou de ne les avoir pas
mentionnés, ou d'avoir nommé des écrivains qui, selon
eux, méritaient le silence.*

*D'autres enfin, et l'auteur est en parfait accord
avec eux, ont insinué que ce tableau est trop rapide
et trop riche en erreurs. En pouvait-il être autrement,
hélas ! dans une esquisse destinée seulement à montrer tout ce qu'il y a de vitalité dans le monde intellectuel roumain d'aujourd'hui, sans prétendre épui-*

ser le sujet ni dresser le Vapereau de Bucarest et des provinces ? Toutefois l'auteur remercie toutes les personnes qui ont bien voulu le reprendre, lui remontrer que certains des écrivains cités n'en valaient pas la peine, et il se fera un devoir de corriger dans une prochaine édition toutes les fautes dont il est le premier à s'accuser et à convenir.

Aujourd'hui il publie ses Carnets d'impressions, ses feuilles de route. Ici encore il s'attend à être repris souvent, mais du moins il pourra se défendre en arguant de sa sincérité. Il a dit ce qu'il a ressenti, il a exprimé l'impression qu'a faite le pays sur un touriste parisien qui le parcourt. On pourra lui dire : « C'est inexact ». Il répondra : « C'est ainsi que j'ai vu, et il ne m'appartenait pas de prendre d'autres yeux que les miens ».

Le moment est en tout cas opportun de publier ce voyage en Roumanie, car ce pays est à la veille d'une nouvelle étape de son histoire.

L'année 1913 marque une importante modification de la carte de l'Europe orientale. Lassés des vexations et des cruautés que subissaient leurs frères habitant la Turquie, Bulgares, Serbes, Monténégrins et Grecs, alliés pour une cause commune, se sont levés en masse, et le progrès de leurs armes ne les a pas moins étonnés eux-mêmes qu'ils ont surpris la vieille Europe. Ils ont presque rayé la Turquie de la carte *des nations européennes, et ont reporté celles-ci, dans les Balkans, à leurs frontières du XVe siècle.*

Ce succès fut favorisé par l'abstention de la Roumanie, dont l'intervention l'eût rendu impossible. Pris entre les Turcs et les Roumains, les alliés balkaniques eussent été paralysés.

L'heure du règlement des comptes a sonné. La Roumanie a son mot à dire dans le partage. Elle a eu le tort de ne pas préciser dès le début des hostilités ses prétentions et le prix de son immobilité. Mais pouvait-elle prévoir que les armées des alliés balkaniques iraient aussi aisément aussi loin ? Nul ne l'avait prévu.

Les choses remontent loin. Lors de la guerre russo-turque de 1877, l'armée roumaine prêta aux Russes un secours urgent et efficace. La Roumanie reçut en récompense, par le traité de San-Stéfano, son indépendance effective vis-à-vis de la Sublime Porte.

La Turquie paya à la Russie une indemnité de guerre de 1.100.000.000 et en outre elle abandonna la Dobroudja et le Delta du Danube.

Cette cession territoriale étant sans intérêt pour les Russes, ceux-ci demandèrent à l'échanger contre une partie de la Bessarabie qui lui est limitrophe.

La Roumanie refusa.

Elle fut contrainte d'accepter ce troc par le traité de Berlin de 1878 qui laissa en suspens la délimitation de la nouvelle frontière Roumano-Bulgare. Le soin de fixer ce point fut confié à la Commission européenne chargée de la délimitation de la Bulgarie.

« Au sein du congrès, écrit M. Rosental, plusieurs membres, notamment M. Waddington, premier représentant de la France, et M. Corti, représentant de l'Italie, ont vainement soutenu qu'il fallait donner à la Roumanie, pour sa nouvelle province, une frontière qui lui permît de la défendre, et qui devrait impérieusement laisser la ville de Silistrie à la Roumanie. M. Waddington ajouta qu'à la vérité, la Roumanie avait été trop durement traitée par le congrès, et que la compensation qu'on lui donnait était insuffisante.

« Mais la Russie, mécontente de la Roumanie à cause de sa résistance au sujet de la cession de la Bessarabie, fit de l'opposition, et le prince de Bismarck sacrifiant complètement la Roumanie, la proposition des délégués français et italiens fut rejetée et on approuva le texte tel qu'il se trouve dans le traité. »

La Roumanie réclama Silistrie. En 1879, la Commission fixa la frontière roumaine à 800 mètres en aval de Silistrie pour aboutir au sud de Mangalia, dont les Roumains se proposent de faire un port de guerre.

La Roumanie n'accepta pas et n'a jamais accepté cette frontière.

Aujourd'hui son rôle prépondérant dans l'Europe orientale la met à même de réclamer la réalisation de ses vœux en échange d'une abstention qui fut utile aux vainqueurs des Turcs.

Et l'on ne voit pas comment les alliés balkaniques pourraient se soustraire à ces légitimes prétentions qu'ils devront satisfaire de gré ou de force.

Par ces raisons il y a apparence que ce livre vient à son heure, au moment où la Roumanie va s'enrichir d'une pacifique conquête.

Il est l'hommage d'un touriste roumanophile, qui a visité la Roumanie d'hier, à la plus grande Roumanie de demain.

Léo CLARETIE.

I

L'Arrivée

———

D'Occident, on peut entrer en Roumanie par
deux portes : Prédéal et Orsova-Verciorova.

Par Orsova, on suit le Danube et on traverse
avec lui ses imposantes Portes de Fer, — la trouée
entre les Balkans et les Carpathes. Le fleuve est
resserré ; une petite île est fortifiée pour barrer
le chemin ; un aviso roumain et un stationnaire
autrichien font sentinelle de chaque côté de la
frontière. La montagne est à pic. Sur le mur de
granit, Trajan a fait graver une inscription rela-
tant ses campagnes. Elle y est encore. C'est un
coin sauvage, désert, silencieux, et dans le silence,
il voltige des souvenirs envolés de la colonne
Trajane.

Par Prédéal, qui est plus au nord, on traverse
les massifs des Carpathes, au cœur même de la
chaîne, par les monts Buzeu et les Alpes de Transylvanie. C'est la vallée de l'Olto et celle de la
Prahova, les hautes montagnes vêtues de sapins

sombres cachant leur cîme dans les nuages ;
c'est Butseni, c'est Sinaïa.

*
* *

Verciorova ! Prédéal ! Ce sont les gares frontières, au cœur des Carpathes. Les conducteurs
de l'Express-Orient changent ; les employés au-
trichiens descendent, et sont remplacés par des
Roumains. Puis le train traverse en quatorze
heures la plaine monotone où des troupeaux de
chevaux paissent en liberté, accompagnés de
petits porcs comiques, à longs poils, qui ressemblent à de gros chiens. Les hommes portent
le costume de peau incrustée de mosaïques rouges ;
les femmes ont une longue jupe blanche avec un
volant rouge dans le bas, un tablier rouge bariolé
devant, et un autre derrière. Les arbres sont blancs
de gîvre et font une jolie dentelle.

Après quarante-six heures, depuis Paris, le
train entre en gare de Bucarest. Vous descendez,
et aussitôt il semble qu'un charme opère, qu'un
rideau tombe, que ce long voyage fut un rêve,
que vous rentrez en France. Vous venez de traverser la Bavière, l'Autriche, la Hongrie, et vous
aviez bien cette impression de voyage, d'étranger,
de lointain, qu'on ressent parmi des peuples de
race différente. Quand vous continuerez votre

voyage vers Constantinople, l'exotisme vous guettera et vous ressaisira sur l'autre rive du Danube, en Bulgarie et en Turquie. Mais ici, il y a comme une pause, un arrêt ; une lueur connue vous frôle, et vous croyez être arrivé en Provence. Les gens indifférents pour vous à Munich, à Vienne, à Budapest, vous accueillent ici avec cordialité, vous parlent de l'événement parisien de l'avant-veille, de leur pied-à-terre à Paris, de leur récente soirée dans nos théâtres. L'instar de Paris triomphe, se carre.

*
* *

Les Français sont rares et se font rares. Quand il en vient un, pour peu qu'il ait un caractère quasi officiel ou une notoriété, il est reçu à la gare, avec allocutions, manifestations bruyantes d'étudiants ; puis ce sont des banquets, et le retour à l'hôtel avec cortège et torches allumées, des discours en plein air, dans la nuit sonore des rues. Malgré le mouvement nationaliste, une exception est faite et admise en faveur de la grande sœur latine, la France. Et les étudiants semblent rendre un hommage de famille à leur race quand ils crient à pleins poumons dans les rues et les gares : « Vive la France ! ».

Il y a entre les Roumains et nous une étroite affinité. Ils se souviennent toujours que la Dacie fut peuplée par Trajan avec des colons de Provence. Ils forment une enclave latine entre des Mogols et des Turcs. Les Roumains sont restés des Romains, et leurs origines persistent avec une telle résistance, qu'ils sont imperméables et impénétrables aux influences, aux invasions et aux alluvions.

Les jeunes gens qui font leurs études en France rapportent une qualité d'esprit supérieure à celle des étudiants qui reviennent d'Allemagne, parce que ceux-ci ont grandi au milieu d'une race qui leur est étrangère. Ils sont liés à nous encore par la reconnaissance, par le souvenir de ce que la cause de l'indépendance doit à Napoléon III, à Edgard Quinet, à Michelet, à Mme Cornut. Et nous les aimons pour leur vaillance héréditaire. Au XVe siècle, ils furent le rempart de l'Europe contre les Turcs ; les noms de Mircéa le Grand, de Vlad l'Empaleur, d'Etienne le Grand, évoquent de sublimes épopées. Ils n'ont pas dégénéré, et nous ne pouvons oublier qu'en 1870 de nombreux volontaires roumains ont gagné la médaille militaire française en combattant à nos côtés. Ils ont à leur tête le héros de Plevna et de Vizin, un petit-fils de Stéphanie de Beauharnais, qui a marqué son nom dans l'histoire par ses exploits d'endurance, de bravoure, d'audace guerrière, et dont la Roumanie vient de célébrer avec éclat le jubilé quarantenaire. L'éveil de ce peuple antique, aux lumières de la civilisation la plus moderne, l'a transformé profondément et régénéré. Les générations nouvelles des Néo-Roumains ne sont pas rêveuses. Ce sont des gens d'action, de raison. Nés depuis peu à la vie intellectuelle, ils aiment avec passion la vigueur, l'audace, la nouveauté de la pensée. Ils ont la jeunesse, l'énergie, le ressort des cerveaux neufs ; ils veulent boire à longs traits aux sources de la science et de la vérité. C'est un peuple bien vivant, intéressant à observer et à étudier.

Nous lui ferons une rapide visite et je rassemblerai pour vous, en touffe, mes feuilles de route.

II

A la Cour Royale

---

*Le Roi Carol I. — La Reine Elisabeth. — Sinaïa.
— Effet de neige. — Le Pelesch. — Déjeuner à la
Cour. — Castel Pelesch. — Les Vendredis de la
Reine. — Le Prince Ferdinand. — La Princesse
Marie. — Cotroceni. — Peleschor. — Les appar-
tements d'une Altesse Royale. — Beauté et Bonté.*

La famille Royale est aimée dans le pays.

Le Roi Carol I est un Hohenzollern. La Reine
Elisabeth de Wied, en littérature Carmen Silva,
est allemande. Le prince héritier, neveu de roi, a
épousé une princesse de Saxe-Cobourg Gotha.
Nous nous faisons difficilement une idée de ces
pays d'Europe orientale gouvernés par des étrangers. En Bulgarie, le prince Ferdinand est un
Saxe-Cobourg Gotha, né d'une mère française,
Clémentine de Bourbon-Orléans. Il faut, pour
comprendre cet état de choses, se représenter
des nations où les rivalités de personnes et de par-

tis neutralisent toute initiative. La Serbie se gouverne par ses rois : cela lui réussit mal, la longue lutte des Obrenovitch et des Karageorgevitch a abouti au drame sanglant de Belgrade. En Roumanie, deux camps sont en présence : les Conservateurs et les Libéraux. Aucun d'eux ne pourrait fournir et maintenir un roi. L'accord s'est fait entre eux pour une fois, et c'est pour appeler au trône un prince qui ne soit ni des uns ni des autres. C'est la force de la royauté roumaine, et la condition de sa stabilité. Elle domine les partis et elle les modère. Elle est le balancier qui règle les oscillations du pendule. Tous les quatre ou cinq ans, le Roi appelle au Gouvernement celui des deux partis qui a laissé la place à l'autre. Chaque ministère apporte avec lui toutes ses créatures. Chaque changement de ministère a sa répercussion jusqu'au plus humble des fonctionnaires. C'est une modification complète sur tout l'échiquier administratif. Chacun son tour : c'est la devise politique du pays. Et cela peut aller ainsi.

Le Roi est respecté de tous. Il est arrivé au trône entouré d'une auréole d'héroïsme après sa brillante campagne de Plewna. Il est intelligent, affable et ferme. Il a le sens complet de sa haute mission ; il aime son peuple qui le lui rend. A Sinaïa, je l'ai vu se promener familièrement avec la reine dans son parc rempli par deux mille paysans qu'il avait invités ; il se faisait lui-même passage dans la foule, et il était escorté de l'affection de tous. Il causait familièrement avec eux ; il se savait en sécurité, gardé par l'amour de son peuple. Ses ministres, qui le voient au travail, ont pour leur roi une profonde admiration.

La Reine est une femme supérieure et exquise. J'eus l'honneur de la voir pour la première fois en son palais de Bucarest.

Le frère du roi mourut la veille du jour où je devais prendre la parole à l'Athénée.

Un matin, je reçus la visite de M. Dall'Orso, le secrétaire des commandements de la Reine. Celle-ci daignait me faire dire ses regrets d'être empêchée par son deuil d'occuper la loge royale à l'Athénée, le soir de ma conférence. Elle avait la bonté de désirer me voir, et me fixait un jour d'audience.

Le palais étend sa large grille au milieu de la rue de la Victoire, dans le quartier le plus animé. La porte de l'aile gauche s'ouvre sur les appartements de la Reine. Je fus introduit dans le salon des dames d'honneur, avec qui j'échangeai les compliments d'usage, en attendant que Sa Majesté me reçût. Au bout de quelques minutes, la première dame d'honneur m'invita à passer chez la Reine.

Elle m'apparut au seuil de son salon, droite et

souriante dans sa longue et ample robe noire,
grande, les cheveux blancs encadrant comme d'un
large nimbe sa figure aimable, colorée, illuminée
par le regard vif, intelligent et bon.

Avec une douceur, une politesse exquise, avec
cette aisance bienveillante qu'elle a toujours, et
dans laquelle il y a je ne sais quelle sollicitude ma-
ternelle, elle me parla de notre littérature, qu'elle
aime et connaît à merveille. J'étais pressé de l'in-
terroger sur elle-même. On n'imagine pas la dévo-
rante activité de cet esprit féminin, ouvert sur
toutes les avenues du monde artistique et intellectuel. Nous causâmes de ces délicieux *Contes du
Pelesch*, écrits au cours des rêveries romantiques
sous les ombrages en pente qui bordent le torrent ;
de ces légendes allemandes et roumaines recueillies parmi les paysans ; de ses poésies d'une inspi-
ration large et pure, qu'anime un souffle vivifiant
de beauté et de bonté.

— Oui, me disait-elle, je veux élever l'esprit et
le cœur de mon peuple ; je veux l'orienter vers la
poésie et les arts. Je souhaiterais que la femme se
plût chez elle à recevoir ses amies pour entendre de
belles et éloquentes pages, représenter des œuvres
dramatiques de valeur, embellir son intérieur par
le commerce des chefs-d'œuvre, réchauffer les
âmes par l'admiration commune des manifestations
les plus consolantes de l'art et de l'Idéal.

Elle a cent projets en tête, et son appréhension est de ne pas trouver le temps de les réaliser et de les achever.

Tandis qu'elle parle, sa physionomie mobile s'anime, l'élocution est facile et précise; le son de la voix, à travers le sourire affable, garde quelque chose d'une lointaine douleur.

Il y a dans Jassi une cathédrale byzantine trop restaurée et trop neuve, dont les murs sont ornés de fresques. Sur l'une d'elles, le Roi et la Reine sont représentés. La Reine tient par la main une charmante et blonde enfant, sa fille, que la mort lui a ravie par un coup cruel. La blessure est vive encore, après trente-trois ans.

Depuis ce malheur, tout le fonds de tendresse qu'elle gardait inutilisé, elle l'a consacré à l'amour des humbles, des souffrants, des enfants et des jeunes mères.

A Bucarest, elle a un cabinet de travail plein de livres et de partitions, dont l'aspect encombré constate un labeur assidu.

A Sinaïa, au palais d'été, l'impression est la même. Je n'aurais pas voulu quitter la Roumanie sans faire le pèlerinage de cette résidence fameuse, à quatre heures de la capitale. Un des maréchaux de la Cour me donna une autorisation pour visiter le palais du Pelesch.

Ce fut une belle journée. A partir de Ploesti, la

voie ferrée monte vers les cimes des Karpathes et suit les sinuosités des vallées profondes entre les hautes montagnes. Des puits de pétrole dressent à travers les arbres dénudés leurs cônes de planches, semblables à des sépultures. La Prahova étale ses eaux débordées, qu'encaisse parfois un long barrage de bois, surplombant la cascade d'un moulin. Les cabanes en troncs d'arbres sont frileusement blotties au creux du terrain, basses, trapues, comme recroquevillées de froid, sans ouverture. A présent, la neige couvre seule le décor silencieux et désert ; le givre découpe en fines dentelures les brindilles des sapins, et les cascades ont des barbes de glaçons.

Dans ce tableau romantique et saisissant, fait pour encadrer les légendes où passent tous les génies de la Furnica, Sinaïa développe en amphithéâtre l'épanouissement imprévu de ses villas et de ses hôtels de ville d'eaux. En ce moment, tout est fermé, déserté, abandonné. J'erre seul dans ce pays dépeuplé, aux maisons inhospitalières, barrées de volets en planches. La neige épaisse craque sous les pas et engourdit l'écho muet de la forêt.

Au milieu des arbres, un vieux monastère dresse son campanile, d'où pendent des stalactites de glace. Le vieux moine qui me guide a sa longue robe noire toute frangée de neige comme d'une bordure d'hermine, en traversant la cour pour me montrer la vieille chapelle basse et voûtée, toute assombrie de fresques vert foncé qui me rappellent les églises des monastères du mont Athos. Je parcours seul ce désert, que bornent partout des monts, dont la brume d'hiver me cache les cimes. Quelques soldats à longue capote brune vont et viennent autour des canons du corps de garde silencieux ; on dirait un avant-poste en Alaska.

Le gouverneur me fit visiter les salons du palais, les galeries tapissées de lourdes boiseries sombres et ciselées, le cabinet de travail, la bibliothèque où la plupart des livres sont français ; le boudoir de la Reine, où sont restées des photographies d'amies, une aquarelle commencée, des ouvrages en cours de lecture, et ce sont des livres français. L'orgue, le piano, les chevalets de musique, les petites étagères chargées de volumes, la table prête pour le travail, la palette garnie de couleurs, l'harmonium encore ouvert, tout indique le labeur soutenu, fécond et régulier.

L'estrade d'un orchestre atteste le succès des matinées musicales, et les goûts artistiques de la muse de céans. Un petit théâtre ouvre sa scène gracieuse et minuscule devant la salle meublée de fauteuils étagés, où peuvent prendre place une soixantaine d'invités privilégiés.

Dans le cabinet du Roi, le bureau est simple,

sobre, c'est la table d'un soldat, d'un penseur, d'un politique sage.

En Roumanie, la Cour est plus grave que la ville. La nation est gaie, remuante, amie du plaisir : les souverains tempèrent ces juvéniles ardeurs d'un peuple de trente ans. Le char a des coursiers ardents et un aurige prudent.

*
* *

Les Carpathes ! C'est la région pittoresque, avec ses monts où passe dans les forêts poétiques le galop des grandes chasses aux sangliers et aux ours, dont la vision éveille en nous des tableaux de cette vie énergique et dure que nous ne connaissons pas. Les grandes forêts et leur poésie : Carmen Sylva, nom vénéré qui trouve un écho d'admiration et de respect affectueux chez tous les peuples civilisés qui lisent et qui pensent.

C'est le pays où les paysans s'appellent encore les Daces, — les Daces dont le nom est inséparable de celui de Trajan, cet empereur qui transplanta sur les bords du Danube des hordes de colons gaulois, pour qu'aujourd'hui encore les Roumains puissent retrouver en France une vieille famille, et comme leur berceau natal.

Une autre fois, je suis retourné à Sinaïa, invité au déjeuner de la Cour.

Par les fenêtres de la salle à manger, on aperçoit les monts boisés des Carpathes. Le Roi a pris place en face de la Reine. Parmi les autres convives, S. A. la Princesse de Schoenbourg, le Comte de San Martino, adjoint au Maire de Rome ; puis les familiers : Mme Zoé Bengesco, dame d'honneur de la Reine ; M. Kalindero, administrateur des domaines de la Couronne ; le commandant Barringo, aide-de-camp du Roi ; le comte Dall'Orso, secrétaire des commandements de la Reine ; M. Lecomte de Nouy, architecte de la Cour. Au centre de la table un surtout fleuri, d'où jaillit un jet d'eau.

— C'est le Pelesch lui-même, me dit la Reine, il trône chez lui.

En effet, une conduite puise l'eau au torrent et l'amène jusqu'ici. Le Pelesch ! Il faut le voir là-bas, mugissant et écumant sur les pentes des Carpathes, dans les sapins épars parmi les roches. Il faut l'entendre dire par la bouche royale de Carmen Sylva, les légendes touchantes de la montagne. Le Pelesch est la divinité légendaire de l'endroit. C'est un roi qui a trouvé son Homère.

Ce frais et gracieux panache d'écume bruissait devant nous, tandis que la Reine, dans une langue juste, précise et imagée, développait ses idées en matière de littérature et de théâtre.

Le Roi est d'une amabilité et d'une simplicité

charmantes. On m'avait parlé de sa froideur. J'ai été séduit, au contraire, par sa franche affabilité. Leurs Majestés me firent les honneurs de leur résidence estivale avec une bonne grâce exquise ; je traversai de riches galeries, un escalier monumental de boiseries sombres, de style Renaissance Allemande, et dans les panneaux sont alignés les portraits en pied des Hohenzollern. Sur la rampe, des guerriers de bois sculptés, grandeur nature, gardent le passage. Au haut des marches règne une longue galerie ornée de tableaux et de meubles rares.

Le Roi est un collectionneur et un artiste. Il possède, épars dans ses deux palais, une riche collection de toiles de Maîtres des sept grandes écoles.

Une autre collection ne le cède à celle-là ni en intérêt, ni en valeur. C'est celle des meubles anciens que le Roi a fait disposer avec goût dans les salons et les galeries ; il les encadre heureusement de torchères, de miroirs de fer forgé. Les meubles, bahuts, buffets, cabinets, crédences de la Renaissance Allemande, Italienne, Française et Espagnole, mettent dans tout le palais une note d'art et de beauté. L'effet d'ensemble est harmonieux : les boiseries qui sont belles, font un cadre assorti aux meubles, aux tableaux, aux faïences, aux ferronneries ; des vitraux du style le plus pur mettent à tant de merveilles un fond heureux et, sur tous ces objets d'art, une lumière discrète tami-

sée par les ors, les pourpres et le cobalt des ver-
rières.

Une autre collection, rare et riche, est celle des
armes. Le Roi m'y mena. Ce ne fut pas sans émotion que je touchai les trophées remportés sur les
Turcs à Plevna et à Vizin par l'hôte royal qui me
les montrait. Dans un mur, une épaisse et vieille
porte de bois, trouée par les boulets, est enchâssée.
C'est la porte du fort de Vizin, que le prince emporta d'assaut. Il y a aussi de très beaux trophées
d'armes arabes, sur les panneaux de la Salle Mau-
resque, où le Pelesch vient retomber en cascade,
et où la Reine aime à faire les cent pas en quittant
la table.

C'est un intéressant musée que cette galerie des
armures, où les armes de toutes les époques sont
représentées par des spécimens rares et artistiques.
Les étendards, les tambours, les lances de tous
genres, les cuirasses, rondaches, salades, morions,
cimiers, arquebuses, canons sont là en profusion,
et en ordre parfait. Il y a aussi des échantillons de
coffres à serrures savantes et de coffrets. A un
moment la Reine, qui songe à un petit coffret pré-
féré, le demande.

L'aide de camp se précipite et le découvre sur
un bahut, où la Reine le prend elle-même et l'ouvre. C'est un bijou de ferronnerie, un coffret arrondi, aux flancs ciselés avec délicatesse. L'inté-

rieur est en petits panneaux de bois peint et décoré. Celui du fond représente une ville, et une banderolle au-dessus porte le nom : Neubourg. La Reine me dit :

— Vous voyez, c'est *Ruy Blas.*

Portez-moi cette boîte en bois de Calembourg
A mon père Monsieur l'Électeur de Neubourg

J'ai été souvent étonné de voir quelle profonde connaissance la Reine a de nos poètes. Ce sont des réminiscences, des citations qui émaillent sa conversation.

Elle connaît parfois nos auteurs dans la traduction qu'elle s'en fait faire : c'est encore prouver le cas qu'elle en fait. C'est évidemment d'après une traduction qu'elle me cita une autre fois du Verlaine :

Il pleut sur les toits comme il pleut dans mon âme.

Les mots n'y sont pas, mais le sentiment a passé tout entier dans cette forme nouvelle. La poétesse a recréé, et avec bonheur, l'expression du poète.

On ne peut qu'admirer cette reine poète et artiste, toute de bonté, d'intelligence, de talent et d'art élevé. Le monde entier connaît et admire la belle âme que révèlent les poésies de « Carmen

2.

Sylva ». La femme vaut l'écrivain et l'artiste. (1)

La Reine me montra son cabinet de travail. Les murs sont ornés de toiles de prix. Un double escalier conduit à une sorte de jubé, dont le mur est garni par les livres. La fenêtre est une large baie vitrée à une seule glace qui donne sur le parc et sur les flancs boisés des Carpathes.

Son bureau est ingénieusement disposé avec un système de tablettes qu'elle tire et rentre à volonté, pour avoir à portée de sa main le livre, le cahier, la machine à écrire. La Reine ne se sert plus guère à présent que de la dactylographie. Elle pianote elle-même sur le clavier des lettres, avec une habileté merveilleuse, une virtuosité d'excellente pianiste. Elle travaille beaucoup, se couchant tôt et se levant à trois heures du matin.

Elle daigne me confier ses projets ; elle a un beau drame tout fait dans sa tête, l'histoire poignante de la femme d'un juge, frivole, inconsciente, réduite dans son inconséquence aux pires nécessités. Elle hésite à l'écrire, parce que cette femme ne peut être qu'une Parisienne ; ce type n'existe pas en Allemagne ; ce n'est donc pas une œuvre à écrire en allemand. Mais l'écrire en français ! Avec une modestie rare, la Reine n'ose l'entreprendre, et pourtant elle manie la langue française avec justesse et bonheur.

(1) J'ai étudié son œuvre littéraire dans le premier volume de cet ouvrage, pages 199-269.

Le temps se passa ainsi à deviser, à regarder les livres, les objets d'art, les paysages variés aperçus par les fenêtres et les galeries des diverses ailes du palais vers le parc et la forêt.

*
* *

J'ai eu l'honneur de revoir plus tard la Reine à Bucarest, à son jour de réception.

C'était dans la salle du palais, Calea Victoriei, à Bucarest. La reine Elisabeth recevait et offrait à ses invités des auditions de la Théodorini et de ses élèves.

Le palais royal a grand air, avec son bâtiment de face, flanqué de deux ailes importantes qui enserrent la cour d'honneur, qu'une grille sépare de la rue.

Un escalier monumental conduit aux appartements de la reine, dans l'aile gauche. On traverse un charmant jardin d'hiver, dans lequel le roi vient se promener pour méditer ou se reposer. Une large galerie, ornée de tableaux, longe à gauche la salle à manger, où est dressé le thé du *five o'clock*, et à droite la salle de musique, où j'ai passé des heures captivantes.

C'est un vaste hall aux boiseries de teinte foncée ; aux murs sont accrochés de grands tableaux, portraits en pied, portraits équestres, scènes historiques. A droite et à gauche, des portes s'ouvrent sur des salons de lecture et de conversation, où les dames d'honneur se retirent quand elles veulent s'échapper de la réception.

Le hall est très garni de meubles, sièges, bureaux, pupitres, bibliothèques. Tout constate les goûts littéraires et artistiques de la maîtresse de céans. Des photographies gardent pour elle le souvenir d'amitiés déjà anciennes. Une aquarelle, ailleurs un manuscrit inachevé, sur les tables des livres nouveaux marqués d'un signet, tout annonce une femme d'intelligence éclairée et élevée. De nombreux sièges sont disposés de façon à permettre les groupements sympathiques et les conversations de choix.

A droite, un orgue est appuyé au mur. Au fond, une scène supporte deux pianos et les pupitres d'un orchestre.

Les sièges ne sont pas disposés en rangées ; chacun écoute du coin qu'il a choisi.

Au pied de l'estrade, une table porte des fleurs et des livres ; à côté, sur une chaire de chêne sculpté, la reine est assise et sourit à tous.

En revoyant ce décor tout plein de l'amour des arts, je me rappelai avoir eu l'honneur de m'asseoir près de ce guéridon fleuri ; Sa Majesté m'avait accordé une audience particulière ; elle me parla de notre littérature et de notre pays en termes qui témoignaient la profonde connaissance qu'elle en a. Je fus frappé par son air de grande bonté, de simplicité élevée, d'indulgence, de goût et de distinction.

S. M. la reine Elisabeth est de grande taille ; la figure est souriante, d'un teint vif ; le regard est clair, droit, très doux ; les cheveux blancs, très fournis, font comme une auréole à ce visage aimable et inspiré de poétesse romantique. Elle s'est bien nommée : Carmen Sylva. Au fond de la Roumanie, elle a été naturellement aux sites qui l'attiraient, pour y fixer sa résidence d'été, à Sinaïa, au milieu des Carpathes, là où le torrent Pelesch mugit en descendant parmi les rochers, sous l'ombre des sapins. Elle a profondément et puissamment le sens de la nature, des forêts, *silva*, dont elle a senti intimement et délicieusement la poésie, *carmen*.

Ce jour-là, c'était *five o'clock* musical. La reine est excellente musicienne. Elle connaissait tous les airs que nous entendîmes, et elle en fredonnait les motifs à l'avance, avec une expression de joie intense à chaque phrase qui chantait un sentiment vrai, profond, une douleur sentie, une joie éloquente, une bonté répandue, une consolation bénie. Sa nature vibrante et sensible fait écho à tous les cris de bonheur ou de douleur.

Par une attention délicate et charmante, et elle

n'en a pas d'autres, comme il y avait un Français là, quand un large tribut eut été payé à la musique allemande, elle demanda de la musique française ; Gounod, Massenet, même Bernicat firent résonner la salle d'art, et je fus touché par cette pensée qui associait mon pays à cette intime fête des mélodies.

Après chaque morceau, la reine se levait et allait vers un groupe pour échanger quelques idées sur l'œuvre qu'on venait d'entendre. D'un sourire, elle encourageait celles des élèves du Conservatoire qui avaient été admises à l'honneur de se faire entendre devant Sa Majesté. Elles étaient là une dizaine de jeunes filles. Je n'oublierai jamais l'expression de ces douces cantatrices, quand, après avoir chanté, elles venaient s'agenouiller devant la reine pour lui baiser la main. Il y avait tant d'effusion, d'affection, de reconnaissance dans ce salut, il était si peu banal, si peu protocolaire, si peu officiel, mais au contraire si spontané, si attendri, qu'il était impossible de voir sans en être profondément touché, ces humbles filles s'incliner devant leur souveraine comme devant une mère auguste et chérie : tant l'amour, le dévouement, la gratitude des femmes roumaines envers leur reine, qu'elles adorent, avaient passé dans ce simple geste des plus modestes d'entre elles aux pieds de la Majesté. En les regardant je compa-

rais, je songeais à nos élèves du Conservatoire de
Paris, si importantes, si ambitieuses, si friandes
de succès, de réclame, si complaisantes à donner
aux journaux leur photographie et leur biographie,
— elles qui n'ont même pas encore vécu! — et je me
demandais s'il n'y avait pas plus d'art, de vérité,
de sentiment, de sincérité, dans l'attitude recueillie de ces interprètes orientales pénétrées du sens
de la beauté, de la grandeur, de la bonté, que dans
le cabotinage bruyant de nos petites acteuses !

Quand les chants furent terminés, la reine, épa-
nouie par le rayonnement que donne la joie pure
des belles sensations, nous entretint de la musique,
et comme le nom d'un compositeur était jeté dans
l'entretien, un prêtre qui était là se mit à l'orgue
et la Théodorini chanta une touchante mélodie
religieuse allemande. Une vibration inconnue faisait frémir l'air et les nerfs. Le grand souffle de
l'art semblait avoir transfiguré les femmes; les
âmes s'étaient exaltées, élevées, enthousiasmées ;
elles communiaient dans l'admiration du génie.

Alors, dans un mouvement de grâce exquise, la
reine me parla de ses poésies, de ses aspirations,
du charme poétique de ce pays si curieusement pittoresque ; puis sa pensée évoqua les années d'autrefois, le pays de sa jeunesse, le palais natal, les
forêts de son enfance : simplement, avec cette
éloquence juste et touchante des âmes sensibles,

elle nous communiquait l'émotion de son cœur vibrant.

Soudain, elle fit un geste, dit quelques mots à une dame d'honneur. Aussitôt, un large fauteuil fut mis sur le devant de l'estrade, avec un coussin pour les pieds ; un petit volume fut passé à la reine, qui prit place sur le trône ; chacun s'assit religieusement et écouta.

Ce fut une vision inoubliable. Seule sur la scène, dont tous les artistes étaient descendus pour se disséminer dans le salon, la reine lut ses poésies. Avec une amabilité délicate, elle m'avait demandé si je comprenais bien l'allemand, et je lui avais avoué que je n'étais guère capable de suivre une lecture poétique. Elle traduisit en français chacun de ses poèmes, puis elle le lisait en allemand, dans la forme poétique et harmonieuse que sa pensée lui avait assignée.

Ce fut une heure incomparable. Avec une sûreté, une justesse de termes, une délicatesse d'expression qui étaient surprenantes, la reine traduisait à livre ouvert si librement, si couramment, si joliment, qu'elle semblait lire, n'étaient de temps en temps de petites reprises pour remplacer une expression fort claire par un autre mot français plus précis, plus exact, plus fort. Elle manie admirablement notre vocabulaire. Ainsi préparée et avertie, l'oreille entendait ensuite, saisissait, goûtait pleinement le charme, le sentiment profond et original de ces poèmes où s'exhale, fleurit, gémit, s'épanouit toute l'âme de la nature, où chantent les vagues de la mer, où bruissent les feuilles des forêts, où le soleil couchant rougit les briques des vieux burgs, où tous les souffles de l'air semblent les palpitations d'une âme.

Certes, je souhaite et j'espère avoir encore l'honneur d'approcher Carmen Sylva, si douce, si attachante, si intéressante ; mais, pour moi, elle restera éternellement fixée dans cette image grandiose et touchante, dans cette vision raphaëlique, dans cette scène d'un romantisme exquis : au fond de la salle sombre, sur une chaire de chêne sculpté, les pieds sur le coussin de velours, la royale poétesse, le livre en main, déroulant l'harmonie des cadences, des strophes, des rythmes, des idées et des nobles sentiments sous les lambris du vieux palais qui se dresse au milieu de l'Europe orientale, entre les Carpathes et le Danube.

*
* *

Le Prince héritier Ferdinand est neveu du roi. Je ne l'ai vu qu'une fois, en 1906. Il est grand, svelte, élégant, sportif, grand chasseur, simple de manières et d'accueil aimable. Il a épousé en 1893 la princesse Marie de Saxe-Cobourg-Gotha, fille du

3

duc d'Edimbourg (plus tard duc de Saxe-Cobourg) et d'une Grande Duchesse russe. Ils ont quatre enfants : Carol, Elisabeth, Marie et Nicolas. J'ai été frappé par l'air décidé, franc, sympathique du jeune prince Carol. Il avait seize ans ; c'est le Dauphin. Il est très populaire.

La princesse est très sportive. Colonelle d'un régiment de hussards, elle galope à sa tête, hardie à l'obstacle et dure à la pratique. Elle est artiste aussi. C'est la plus accomplie des Princesses lointaines.

J'avais aperçu la princesse, dans sa victoria, filant au trot de deux bons chevaux, avec le cocher et le valet de pied en livrée beige, le chapeau haut de forme cerclé d'un galon d'argent. Les gens s'arrêtaient sur le trottoir et la saluaient au passage. Elle répondait par une gracieuse inclinaison de tête, un sourire qui montrait des dents fort belles ; et sous la toque élégante, d'admirables cheveux blonds mettaient une fauve lueur. Les saluts du public n'avaient rien de compassé, de guindé. On sentait la sympathie franche et spontanée, faite d'admiration et de discret amour. Elle est belle comme une fée, et elle est aussi bonne que belle. Et surtout, c'est une grande artiste.

Un planton m'apporta un matin une lettre d'audience. Son Altesse daignait me recevoir au château de Cotroceni.

C'est tout au bout de Bucarest, presque à la campagne. Il faut traverser et quitter les faubourgs — *la mahala,* comme ils disent — franchir le petit cours d'eau de la Dimbovitza ; au fond d'un immense parc très boisé, Cotroceni se dresse pareil à un monastère fortifié, avec une grosse porte de maçonnerie massive et crénelée qui s'ouvre sur une cour sévère.

C'est là, dans cette habitation de style, que réside, en hiver, le couple princier.

L'été, Leurs Altesses se rendent à Sinaïa, au palais de Pelischor, une construction pittoresque qui tient à la fois du monastère byzantin et du chalet normand, isolée parmi les grands arbres de la forêt et de la montagne.

Un peu plus loin, on vous montre le *Nid de la Princesse.* Une tour en forme de moulin est reliée par le haut à une cabane posée dans le vide sur les grosses branches des arbres. Le pinceau de la princesse a fait fleurir des coquelicots épanouis sur les parois de bois clair. La princesse y va quelquefois prendre le thé avec des amies. On lève le pont-levis qui réunit le nid à la tour, et le nid se balance, isolé, tranquille, pareil à l'un des pavillons aériens de la forêt romantique de Robinson.

A Cotroceni, le hall d'entrée et l'escalier d'honneur sont ornés de trophées de chasse. Les salons du premier étage sont meublés et ornés avec un goût tout parisien. De bonnes peintures et aquarelles sont suspendues aux murs. Des publications d'art reposent sur les guéridons.

La première dame d'honneur me reçut ; une porte s'ouvrit, et l'on me pria d'entrer. Je me trouvai dans une salle vaste, curieuse, d'une architecture travaillée et complexe, avec des coins et des retours, des arcades, des piliers. Les murs sont tendus de cuir repoussé et doré ; des mosaïques fauves revêtent les colonnes ; les coffrets gothiques, les meubles de bois sculpté, les statues hiératiques, les lutrins de fer, la cheminée monumentale, tout contribue à donner une impression d'art et de recherche. Sur une chaise à dossier élevé et sculpté, la princesse m'apparut pareille à une vision des fresques de Ravenne, souriante, d'une beauté régulière, grande et svelte dans sa robe bleu pâle, fée de légende ou princesse des contes d'Orient.

La princesse Marie n'a rien de roumain. Au physique, c'est une belle Anglaise : teint clair, cheveux blonds, jolie taille, yeux bleus et doux d'une infinie expression; on dirait une dame de Lily ou une héroïne des mémoires d'Hamilton.

Mais elle s'est roumanisée. Elle a bravement adopté son pays d'occasion, et le pays l'a adoptée avec la même sympathie, d'autant plus ferme qu'elle fut plus tardive.

Cette femme remarquable a une qualité rare et

puissante qui lui a permis cette acclimatation réciproque sans trop de peine. Elle est foncièrement artiste, — non pas peut-être fervente de ce grand art impersonnel et universel qui donne le frisson du génie et de l'idéal, l'art d'un Donatello, d'un Giotto, d'un Michel-Ange ou d'un Rubens, de Dante ou de Corneille, ces hautes manifestations de l'être en communion avec le divin et l'infini ; mais elle aime et cultive avec tact et délicatesse l'art pittoresque et gracieux du détail, du bibelot, du costume. La Roumanie est un pays bien fait pour exercer cette sorte de culte. La princesse s'est plue à revêtir le charmant vêtement des paysannes roumaines, à se parer de leurs fines et éclatantes broderies, à fonder des sociétés pour faire revivre les industries nationales artistiques, pour recueillir les documents des anciens dessins de broderie, d'ornementation, d'architecture. Il y a beaucoup de roman et de byzantin dans l'art roumain du passé. Elle s'est passionnée pour les fresques des vieux monastères, les arcades surbaissées, les chapiteaux trapézoïdes, la masse trapue et la pénombre mystérieuse des cloîtres de jadis et des chapelles séculaires.

A Sinaïa, elle a voulu vivre dans un cadre qui rappelât tout ce passé. Mais c'est surtout à Cotroceni qu'elle a réalisé de la façon la plus complète son rêve byzantin d'art roumain primitif. Elle a fait faire, sur ses dessins et sur ses indications, une chambre à coucher qui est une merveille digne d'un musée. Le pavage est d'un dallage savant ; le plafond en nef est orné des plus délicates mosaïques. On dirait un coin de basilique. L'alcôve est comme un narthex ou un iconostase, en portique soutenu par de jolies colonettes byzantines aux chapiteaux à coussins. La tonalité générale est d'un blanc d'ivoire, relevé par les tons bleu pâle des tentures et par l'or des arabesques.

Le détail est infini de tous les éléments qui concourent à l'effet d'ensemble, qui a su rester gracieux dans sa raideur de style. Les sièges sont des chaires et des trônes au dossier arrondi, cintré, avec une rosace ajourée au centre. Les vasques de fleurs sont des copies de baptistères exquis ; des lutrins supportent des antiphonaires de parchemin luisant, de gros cierges jaunes surmontent des lampadaires massifs qui rappellent celui des Frari, à Venise ; il n'est pas un coin, pas un accessoire de ce décor riche et compliqué, qui ne porte la marque d'un goût curieux, averti, sévère ; des traînées d'argenture soulignent les anguleuses incrustations des parois, où éclate parfois une vive note pourpre ou mauve. C'est un sanctuaire de l'art, égayé par le sourire d'une jolie femme, c'est du byzantin aimable et modern style ; c'est Saint Apollinaire, ou le sanctuaire de Placidie, revu et modernisé par une princesse du xve siècle. Et c'est délicieux, d'un art pur et simple dans son érudite complexité ; c'est le chef-d'œuvre de l'habitation artistique ; c'est le palais précieux d'une âme amoureuse de la beauté.

La salle d'or évoque les Impératrices Irène et Eudoxie. La lumière est doucement tamisée par les ogives sous les voûtes dorées, baignant d'un nimbe hiératique la princesse assise sur un trône doré, parmi les meubles qu'elle a dessinés, les coffrets de fer travaillé, les reliures gemmées, les cadres fleuris de teintes pâles. Des jonchées de lys peints rehaussent les fonds d'or, sur le piano et les tables de style, lys blancs, lys rouges, lys fauves, dans des éclairages qui sont des symphonies de bleu pâle.

*
* *

La beauté est sœur de la bonté. Cette princesse qui a voulu vivre parmi tant de belles choses est aussi bonne que cultivée et charmante. A causer avec elle, on découvre les trésors de son cœur. Combien de fois, me confiait-elle, s'est-elle rendue à des invitations qui l'ennuyaient, pour ne pas causer aux gens la peine d'un refus, et pour leur donner la joie qu'ils sollicitaient, celle de recevoir la princesse ! Elle sait qu'elle n'est pas une femme comme une autre, que son rang et sa couronne la mettent hors de pair et lui imposent une existence qui n'est pas toujours de son goût, et dont les avantages extérieurs ne sont pas toujours de bien grandes compensations. Mais elle tâche au moins de tirer de sa situation les quelques joies qu'elle apporte ou comporte, — et ce ne sont pas les honneurs, l'éclat des réceptions ni les égards particuliers : pour elle, c'est la joie de semer un peu de bonheur et de faire naître les sourires là où elle passe.

*
* *

La reine et la princesse sont deux étrangères en Roumanie ; toutes deux se sont efforcées de se faire une âme roumaine. La reine a incarné la poésie des légendes du Pelesch et de l'Olto ; la princesse a étudié et reproduit les modèles des monuments antiques et des traditions populaires. Toutes deux ont bien mérité de leur nation par l'effort qu'elles ont fait pour s'y mêler et s'y confondre. Et c'est par l'art, toutes deux, qu'elles y ont réussi.

III

Bucarest

—

*Le Passé. — Ce qu'on connaît de la Roumanie en
France. — Essai de Bibliographie Franco-
Roumaine. — Plan de la Ville. — Principales
Rues. — Rue de la Victoire. — Le Centre des
Affaires — Place du Théatre. — Au Palais Royal.
— L'Athénée. — La Chaussée. — La Rue Lipscani.
— Les Eglises. — Les Musées. — Les Grandes
Institutions. — Jardins et Statues. — Les Hôtels.
— Les Fiacres. — Les Lipovans. — Types de
la Rue. — Dans les Ministères. — A la Chambre
des Députés. — A la Caserne. — La Vie Mon-
daine. — Vers l'Ouest. — Dans les Faubourgs.
— Fantôme d'Orient. — L'Exposition de 1906.
— La Légende des Races. — Un Examen de
Conscience national.*

Bucarest est le centre, le cerveau et l'image
de la nation, qu'elle résume toute avec ses instincts, ses souvenirs, ses aspirations, ses manques
et ses promesses.

Elle offre un intérêt captivant et spécial. Aucune ville d'Europe ne peut lui être comparée. Elle est l'avant-garde de l'Europe Occidentale, l'avant-poste des temps nouveaux, la vedette de l'avenir ; elle regarde l'Orient pour s'en défendre et s'en débarrasser. Elle a conservé de la longue étreinte orientale des souvenirs, des habitudes, des expressions, des usages, des oripeaux. Elle s'ingénie à les rejeter, à répudier les vestiges de ses amours forcées, et elle se tourne à l'Ouest.

De là cette impression rare et capiteuse que donne la ville de Boucour-le-Pâtre. On s'y sent en Europe, chez des Latins ; les Français, les Italiens s'y retrouvent en famille ; Bucarest est un petit « instar de Paris » ; les arts, les lettres, les livres sont les mêmes chez eux et chez nous ; et au-dessus de ce fonds commun, il flotte un vague parfum d'Orient et d'Asie, dans des nuages de tabac turc et de voiles légers comme des écharpes de harem.

Un Roumain a dit : Il y a deux Roumanies. De même il y a deux Bucarest, la ville européenne et la ville orientale. Les deux cités ne sont pas, comme dans les pays arabes, distinctes, juxtaposées, isolées par un mur, et concentriques. Elles sont enchevêtrées, elles se pénètrent intimement, et si je les dissocie ici, c'est par procédé et pour la commodité de l'exposition.

La ville européenne comprend des édifices neufs, modernes, luxueux, et une population qui circule constamment entre Bucarest, Vienne, Berlin et Paris. Celle-ci forme la Société et le monde des affaires.

Si l'on ne connaît pas la Roumanie — et il y a en France une énorme majorité qui est dans ce cas, — on éprouve en arrivant un étonnement. On en était resté aux idées vieilles d'un demi-siècle. Et l'on trouve un peuple au courant, au niveau, et sur quelques points, en avance. Je n'ai ressenti qu'en Amérique, cette impression que donne un peuple jeune ou rajeuni, qui va de l'avant à pas pressés, et qui regagne très vite ses distances. Il y a de l'américanisme dans l'audace et la promptitude des progrès. Un rapide coup d'œil en arrière en donne vivement la sensation. Je revois encore ce coin de salon, dans un cercle de la ville, où un érudit Bucarestois me résumait à grands traits le passé de sa cité :

— « La ville fut fondée, dit-on, par Boucour-le-Pâtre, dont l'image figure dans les armoiries municipales. Elle se développa à partir du XIIIe siècle. Mircea-l'Ancien l'égaya de ses victoires, et ce serait là une autre étymologie de son nom Boucoureshti, la ville de la joie. Elle fut, au XIVe siècle, un important entrepôt de commerce entre l'Occident et l'Orient, entre l'Europe et le Bas-

Danube et la Mer Noire, où les Gênois avaient d'anciens comptoirs. Il en reste encore : Giurgiu en est un.

« L'invasion des Turcs, la prise de Constantinople, en 1453, arrêtèrent tout développement. La ville fut occupée successivement par les Phanariotes, puis les Russes. Après cette éclipse, l'élément autochtone reparut, et la cité fit sa toilette. Elle en avait besoin. Sous le prince Grégoire Ghica, en 1822, les maisons étaient des cabanes en pisé, et les chaussées étaient faites de madriers formant un pont au-dessus des eaux croupissantes. On appelle encore certaines rues du nom *ped*, qui veut dire pont.

« L'aristocratie habitait des maisons de pierre. Le commerce était aux mains des Allemands, des Turcs, des Bulgares, des Arméniens. Les tziganes étaient charrons et serruriers. La partie principale de la ville occupait la rive droite de la Dimbovitza. Elle s'étendit sur la rive gauche, où se tenait la grande foire annuelle.

« Les maisons surgissaient au hasard, là où chacun avait acquis un lopin de terrain. C'était une agglomération irrégulière de cabanes, de palais, d'églises, de monastères, de rues fangeuses, de terrains vagues et de jardinets. Telle était la ville en 1830.

« L'influence russe (c'est Kisseloff qui a dessiné

la chaussée) et les relations avec la France ont
amélioré cet état de choses. En 1850, sous le règne
de Couza, les quartiers se régularisèrent, et Bucarest prit l'apparence d'une ville. Aujourd'hui,
elle a de belles et larges rues, l'éclairage électrique,
le téléphone, les postes et télégraphe, les légations,
les clubs ; des tramways, des monuments de belle
architecture, une police bien faite, une armée
de très belle tenue, des écoles, lycées, académies,
en ont entièrement modifié l'aspect. Un concours
vient d'être ouvert en vue de la systématisation
de la ville : ce sera le couronnement de tous ces
progrès ».

La Roumanie et les Roumains sont en France
victimes d'un vieux préjugé périmé. Nous retardons dans le jugement que nous portons sur eux,
quand nous en portons un, car notre tendance
la plus ordinaire est de ne pas beaucoup penser à
eux.

Tous les cinquante ans, il faut reviser les juge-
ments qu'on porte sur les hommes et sur les
choses : les choses changent et nous changeons nous-
mêmes.

De deux points de vue aussi mobiles, le spectacle ne peut pas demeurer constant et uniforme.

Nous retardons ; nous en sommes encore, je
parle de la masse, majorité mal avertie, au temps
où l'on confondait les Roumains avec les Brési-

liens, les Sud-Américains, les rastaquouères et les majors de table d'hôte et d'opérettes.

On les jugeait tous d'après certains étudiants, fils inutiles de riches familles qui venaient ici mener grand train, éblouir l'Occident de leur faste oriental, d'autant plus fastueux que, s'ils faisaient de grosses dépenses, ils faisaient d'aussi grosses dettes, et ne les payaient jamais.

Cependant, ils étaient couverts de bagues, de bijoux et portaient sur leur plastron de chemise des boutons en brillants gros comme des bouchons de carafes.

Ce tableau, d'ailleurs, était aussi faux que les pochades d'étudiants bohêmes par Murger. Ce temps est loin, s'il a jamais été.

L'erreur n'était pas moindre en ce qui concerne le pays.

De mon temps, dans les classes, la Roumanie faisait partie de ces petits pays d'arrière-plan qu'on étudie en fin d'année, à la hâte, en se pressant, parce que le cours est en retard, — quand on ne l'oubliait pas tout à fait.

Les Roumains en veulent à M. Hanotaux, parce que, dans son *Histoire Générale*, il a cité les peuples de race latine en Europe : il a oublié les Roumains.

Il ne faut pas lui en vouloir. C'était une vieille habitude de collège.

Au sortir du lycée — et pour bien des gens encore — les notions restaient confuses.

Valachie, Moldavie, Roumanie, Roumélie, Bulgarie, Serbie, tout cela, c'était tout un. Ces pays formaient comme un petit tortillon d'Etats au bout de l'Europe orientale, une macédoine migmateuse. Quand on dit les Etats Balkaniques, on est quitte envers eux. On reconnaît toujours les français à leur ignorance de la géographie. Belgrade, Sofia, Bucarest ne se distinguent pas très bien dans le lointain brumeux.

Rien n'est fait, chez nous, pour nous mieux avertir.

*
* *

En France, ou en langue française, il est peu de bons livres sur la Roumanie. Le récit de voyage de M. A. Belessort à travers *La Roumanie Contemporaine* est agréable. M. Maisonneuve a fait de ses excursions une relation amusante. M. Fr. Damé a écrit une bonne histoire de la Roumanie Contemporaine. La *Bibliographie Franco-Roumaine* de M. Georges Bengesco est utile. Les travaux de M. Pompiliu Eliade sur l'*Esprit public en Roumanie* sont sérieux et définitifs. L'excellent historien philosophe A. D. Xenopol a écrit toute une série d'études recommandées. Il présentait naguère à ses lecteurs un gros ouvrage, *La Terre et la Race Roumaines*, par A.-C. Sturdza, que l'Académie Française a couronné en 1905. C'est un excellent livre, qui résume les travaux antérieurs d'une façon très personnelle, et qui contient tout ce qu'il faut savoir. La géographie, l'histoire, la culture et la civilisation sont étudiées à la fois avec sûreté, méthode, savoir et agrément.

« La tendance générale de l'œuvre, écrit M. A.-D. Xénopol, est de faire connaître à l'Etranger tout ce qui peut intéresser la Roumanie, aussi ce livre est-il plein de données statistiques et de renseignements précieux sur l'organisation politique, l'industrie, le commerce, l'agriculture, les mines, les ressources économiques et financières de la Roumanie.

« La partie la plus développée de l'ouvrage est le Livre II qui s'occupe de l'histoire du peuple roumain : M. Alexandre Sturdza y déploie un vaste ensemble de connaissances et expose avec une ampleur de vues remarquable la longue épopée des destinées roumaines. Cette exposition qui s'étend sur plus de 400 pages, d'un texte serré, n'est pas un simple abrégé de l'histoire roumaine ; c'est une refonte à nouveau de cette histoire, basée sur les travaux accomplis, en Roumanie surtout, dans le courant du siècle expiré. Ce livre est surtout intéressant par l'idée fondamentale qui le domine, et qui met en plein relief la lutte âpre pour l'existence que le peuple roumain dut soutenir pour arriver de nos jours à sa constitution, au moins en partie, comme nation indépendante. »

Du même Alexandre-A.-C. Sturdza, le *Règne de Michel Sturdza* (1834-1849) est une importante contribution à ses études sur l'histoire diplomatique des Roumains.

Le Baron Jehan de Witte a publié un bon ouvrage historique, *Quinze Ans d'Histoire*, 1866-1881, qui conte les péripéties de la Roumanie durant cette période.

Il y a de la poésie et du charme dans le rapide voyage de A. Vlahoutza, *La Roumanie pittoresque*, traduit par Mlle M.-Y. ; dans Georges Bibesco, le *Règne de Bibesco* ; C. Dissesco, les *Origines du Droit Roumain* ; le Traité des Lois, de Blaramberg ; *La Valachie*, de Martonne ; les ouvrages rapides de Mathorel, Marbeau, de Fontpertuis, tous écrits en français.

Une notice claire et intéressante, en langue française, précède le *Catalogue* de la Roumanie à l'Exposition Universelle de Paris en 1900.

On peut lire encore en français, une utile brochure de l'éminent économiste J. Kalindero : *La succession au trône de Roumanie.*

Le Roi a fait éditer (en français) un ouvrage luxueux avec eaux-fortes et gravures sur bois, *Castel Pelesch*, texte de Léo Bachelin.

Les travaux (en français) de Jules Brun sur le *Romancero Roumain*, les évocations (en français) de Nestor Uréchia dans les Bucegi, sont pittoresques.

Les jolies ballades de la reine Carmen Silva, les légendes de Mlle Hélène Vacaresco réunies en gerbes odorantes, disent le rêve d'une race, et son art ingénu.

La Roumanie est une petite province de la France littéraire.

C'est en français que le prince Brancovan, fondateur de la revue *La Renaissance Latine* ; le prince Bibesco, habile auteur dramatique ; M. Bengesco, auteur de l'excellente *Bibliographie de Voltaire* ; les historiens : M. Xenopol, Jorga (par ses travaux écrits en français) ; le psychologue Vaschide, ont inscrit leurs noms dans notre histoire littéraire ; et comme jadis, le Roumain Ronsard, prince des poètes, Mlle Hélène Vacaresco et la Comtesse de Noailles ont serti dans le métal précieux de notre langage les sonorités et les joyaux de leur poésie.

J'ai gardé le souvenir d'une soirée d'étudiants à laquelle je fus convié. C'était à la salle Liedertafel. Les jeunes gens avaient amené leurs familles. Ce n'était pas les bruyantes réunions de l'A. de Paris, où des jeunes échappés en béret font des truculences. Tout était calme, correct, de bon ton

et de bon goût ; les sœurs et les mères écoutèrent
ravies le programme du concert, qui fut suivi de
bal. Dans la série des morceaux de musique et d'orchestre, des poésies roumaines d'Eminesco — tous
les artistes et exécutants étaient étudiants — deux
numéros français figuraient, et je félicitai M. Barbu
Voinesco, étudiant en lettres, pour la façon dont
le jeune Roumain déclama l'*Ode à Ninon*, d'Alfred
de Musset, et la *Tirade des Nez* du *Cyrano* de Ros-
tand.

Je viens de vous dénombrer à peu près — sauf
oubli, — tout ce qui constitue les principaux éléments d'une bibliographie franco-roumaine : c'est
un peu court.

Encore ces travaux sont-ils peu répandus chez
nous. On consulte de préférence le Larousse ; c'est
l'Encyclopédie où les journalistes puisent rapidement leur science d'occasion et leur érudition
éphémère, quand ils ont à traiter, en une heure,
un sujet dont ils ne connaissent rien. Et c'est
cette manne dont se nourrit avidement l'esprit
public.

Or, on y trouve ceci :

— Le mot de village, en France, donne l'idée
d'un assemblage quelconque de maisons : ici, des
trous creusés en terre, quelques misérables claies
bourrées d'un torchis de paille et de boue, par là-
dessus un toit en paille de maïs, voilà les maisons.

Quand les maisons sont en bois, c'est une ville alors, et s'il y en a une ou deux en briques enduites de chaux, c'est un chef-lieu de district, ou un évêché. (Saint-Marc Girardin.) Qu'est-ce que Bucarest ? Un prince sans palais ; une académie sans membres ; une bibliothèque sans lecteurs ; d'immenses rues sans maisons ; d'immondes cloaques ; de l'eau partout ; une rivière sans quais ni ponts. »

C'est sévère et injuste, pour la Dimbovitza.

Les détails ethnographiques n'ont pas moins de saveur :

— En Roumanie, on dit : *Ta Seigneurie ! Domnia ta !* aux domestiques, et *frère (frate)* à tout le monde. Les mots *coquin, scélérat* n'existent pas. On dit : Roi de la vieille cour (crain de curtea vecchie), ou Roi sans bornes (crain fara margini). Peuple de rois, signifie : peuple de déguenillés et et d'anarchistes. On ne nomme jamais le Livre des Rois, il faut dire : Livre des Empereurs. *Prince* veut dire bouffon, fou. Ce serait une insulte d'appeler ainsi le chef de l'Etat. Donner à une femme le titre de *marquise* ou de *comtesse* équivaut à l'appeler *entremetteuse.* »

Les Roumains doivent être bien étonnés d'apprendre sur eux-mêmes tant de détails dont ils ne se doutaient pas.

***

Prenons une idée plus exacte des faits, en parcourant la ville. Elle est riche en édifices, parcs, monuments divers. Les rues sont larges, propres, formant de belles avenues ; quelques autres artères sont animées, comme la strada Lipscani, ou la Calea Rahovei ; d'immenses quartiers sont paisibles, d'une tranquillité de province. La voirie est convenable, avec tonneaux d'arrosage automobiles. Les maisons sont basses, et la cité s'étale à l'aise sur six mille hectares que se répartissent ses 300.000 habitants.

La rue la plus longue est la calea Rahovei, qui compte 3.960 mètres ; viennent ensuite la calea Grivitzei avec 3.000 mètres, la calea Moshilor avec 2.830 mètres, la calea Sherban-Voda avec 2.990 mètres, la calea Calarashilor avec 2.750 mètres, la calea Victoriei avec 2.710 mètres. La rue Romana a 2.470 mètres ; le boulevard est plus long, il compte 2.600 mètres.

La circonférence de la capitale (zône nouvelle) est de 30 kilomètres, sa superficie de 5.600 hectares et elle compte 1.026 rues.

La rue principale est la calea Victoriei. Elle est bordée, dans sa partie centrale, par des boutiques bien tenues : librairies, bijouteries, magasins de nouveautés. Elle traverse la place du Théâtre National et, à cette hauteur, aux heures qui précèdent les repas, elle est fréquentée par une foule compacte ; c'est à croire que personne ne travaille à onze heures du matin et à six heures du soir.

Pour comprendre la configuration de la ville, dessinez un cercle bossué ; tracez en biais une diagonale infléchie du N.-O. au S.-E. : c'est la rivière Dimbovitza, bordée de quais ombreux et confortables ; elle est très encaissée, très étroite, mais la plus petite rivière ne peut offrir que ce qu'elle a. Celle-ci roule une eau qu'on dit excellente, et il y a un proverbe : qui a bu l'eau de la Dimbovitza, veut revenir en boire.

Sur le plan, de haut en bas, à peu près perpendiculaires à la rivière, dessinez en X deux longues voies qui se croisent au centre de la ville. L'une des branches de la croix est la rue Rahovei, continuée par la rue Moshilor ; l'autre, du sud au nord également, est la rue Serban-Voda, que vous poursuivez au-delà de la Dimbovitza par la ligne de la rue de la Victoire. Cet X touche aux quatre points extrêmes de l'enceinte. Le point de croisement est sensiblement le Palais de Justice. Barrez cet X d'un trait horizontal, c'est la ligne infinie des boulevards, qui vont en trait droit de Cotroceni à la Porte de Pantelimon. La partie animée est la soudure du boulevard Elisabeth et du boulevard de l'Université, à l'intersection de la rue de la Victoire.

Tout au bout du boulevard de l'Indépendance, qui fait suite au boulevard Elisabeth, s'élève dans les arbres le féodal castel de Cotroceni, habité par le Prince héritier et la Princesse Marie, qui a fait de sa demeure un sanctuaire d'art.

La rue la plus intéressante est la rue de la Victoire. C'est elle qui traverse le vrai centre, de l'Hôtel des Postes au Palais Royal.

La rue Rahovei, qui tend vers le sud à partir de la rivière, commence bien, encadrée par le Palais de Justice et la riche église Doamna Balacha, puis elle s'enfonce à travers des faubourgs populaires, et finit par se perdre dans des quartiers déserts, plantés de vignobles.

La rue Serban-Voda, qui descend aussi vers le sud et forme avec la précédente un angle aigu, est à peu près sans gloire ; Saint-Spiridion, l'Ecole de Commerce et l'Hospice Zerlendi marquent ses points les plus brillants, car on ne peut trop lui faire honneur de longer l'usine à gaz et le dépôt des tramways.

Sur l'autre rive, la rue Moshilor, qui fuse à droite, traverse tout le quartier dont la place Carol I est le centre. Elle est interminable et sans intérêt.

De même que les Etrangers à Paris se confinent dans le quartier qui s'étend de l'Opéra aux Variétés, de même ici on ne vit guère qu'entre l'Hôtel du Boulevard et le Palais Royal.

C'est un coin pittoresque et vivant. Le boulevard est large, sillonné de tramways, épanoui en square mal défini, éclairé le soir par des globes électriques sommairement accrochés à des mâts rustiques. Suivez la rue de la Victoire vers le nord, en tournant le dos à la Dimbovitza : vous avez là, à droite et à gauche, les beaux magasins, dont les plus curieux sont ceux où se vendent les broderies du pays, les travaux manuels de la Furnica, costumes nationaux, chemises à épaulettes brodées, tabliers où serpentent les fils multicolores de la fantaisie et de la tradition. A droite, voici le Clubul Tineremei (club de la Jeunesse) ; puis le joli Hôtel de l'*Indépendance Roumaine*, dont la façade fait penser, toute proportion gardée, à celle du *Figaro* ; une librairie, une salle de dépêches et des affiches théâtrales sont installées dans le hall. Les grands hôtels, les confiseurs à la mode s'alignent proche les uns des autres ; des armuriers, des libraires, des joailliers mettent sur le parcours l'agrément de leurs étalages. La rue s'élargit en une place dont le fond est occupé par le Théâtre National, à façade très simple, avec péristyle de gros piliers à l'avant.

La salle du Théâtre National, dans le style de la Scala de Milan, avec les étages de loges régulièrement superposés de haut en bas, sans le recul des

fauteuils de balcon, a assez bel air. La scène et les
dépendances sont bien installées, et le directeur
Alexandre Davila, y a apporté d'heureuses amélio-
rations. Un calorifère maintient en hiver une égale
température, et le théâtre fait lui-même son électricité.

Je note, en passant, des appellations pittoresques sur le tableau du bureau de location. Le balcon s'appelle *Belélage*, qui est le nom du premier
étage dans toutes les maisons de Saint-Pétersbourg.

Les baignoires se nomment *Bénouare*. C'est de
l'orthographe phonétique.

Je dois au Théâtre National quelques souvenirs.
J'y ai vu jouer l'*Avare* de Molière en roumain, *Ava-
rul.*

L'acteur que j'y applaudis dans le rôle d'Har-
pagon a d'intéressantes qualités de comique et de
tragique, et comme il ne connaît aucune des traditions de la Comédie-Française, son jeu prend
pour nous une nouveauté curieuse. Avec cette
mobilité extrême de la physionomie qu'ont les
Orientaux, il apporte à la scène « Au Voleur » une
intensité effrayante de réalisme. Sa mimique m'a
rappelé Abdul Rezak, le grand comique qui joue
le théâtre de Molière à Constantinople. Mais en
même temps, l'intonation et les inflexions toutes
latines de la langue roumaine donnaient à la pièce
un air italien, et il me semblait assister à une Atel-

4

lane ou à une *Comedia dell' Arte* des Gelosi ou du signor Fiorelli. La comédie de Molière se retrempe ainsi dans ses origines.

Je me rappelle une jolie soirée. Mme Sigrid Arnoldson chantait *Carmen*. Elle s'exprimait en français. La troupe d'opéra étant italienne, les autres personnages lui répondaient en italien. Quant aux chœurs, étant formés d'éléments indigènes, ils chantaient en roumain. Cette confusion des langues n'offrait aucun inconvénient, pendant les morceaux chantés ; les paroles d'un livret sont de médiocre importance. La surprise commençait dans les scènes parlées. Carmen disait :

— Si je t'aime, gare à toi.

Et José répondait :

— Jo lo sono.

Et puis l'on s'y faisait, et une fois l'habitude prise, il eût paru indécent que José s'exprimât en français pour répondre à Carmen.

Au Théâtre National on donne le drame, la comédie, l'opéra-comique, l'opéra. J'y ai presque toujours vu des troupes étrangères. J'y ai applaudi Lobstein, Yvonne de Tréville, Fournets, Suzanne Desprès, Moreno, et les grands sociétaires de la Comédie-Française y viennent souvent.

En 1906, Alexandre Davila y a fondé des matinées classiques du dimanche. Il y donna des traductions roumaines des classiques latins et fran-

çais, de Térence à Beaumarchais. Il me demanda
d'inaugurer les deux premières matinées par deux
conférences préliminaires sur le théâtre en France.

La première fois, comme j'arrivai, j'allai voir
si on avait installé ma petite table. Je reculai de
saisissement en entrant sur la scène. Dans un décor
fastueux, une sorte de catafalque se dressait, un
piédestal exhaussé de quatre ou cinq marches, cou-
vertes d'un riche tapis d'Orient. Au sommet, derrière un petit guéridon, un trône de velours et d'or.
J'aurais pu croire qu'on allait jouer *Nana Sahib*,
si un verre et une carafe d'eau ne m'eussent indiqué que ma place était là-haut. Je remerciai le
régisseur pour ce faste levantin, et je le suppliai
de démolir cet échafaudage pour ne laisser qu'une
petite table et une chaise. Il y consentit, mais je
baissai de quatre marches dans son estime.

Le rideau leva, et je commençai par m'excuser
de ne point parler le roumain. On voulut bien passer condamnation sur cette ignorance. Mais la
semaine suivante, les choses se gâtèrent, et je dois
peut-être m'accuser un peu. Je fis une conférence
sur *La Pitié* dans la grande salle de l'Institut Pompilian, devant la princesse Marie, au profit de
l'œuvre, qu'elle a fondée, de protection envers les
animaux. J'eus l'idée de faire porter au programme
un intermède qui suivit ma causerie, et où des
dames du monde et des amateurs récitèrent des

pages de nos meilleurs écrivains français consacrées aux bêtes : Lafontaine, Florian, Hugo, Loti, etc... Ce fut un gros succès.

Je quittai alors le pays et j'arrivai, cinq jours après, à Sofia, quand j'appris de graves nouvelles.

La reine et la princesse Marie ont fondé une œuvre de bienfaisance, *l'Obole*. Les dames du monde avaient organisé à son bénéfice une soirée dramatique. Les rôles étaient tenus par des amateurs, et la représentation devait avoir lieu sur la scène du Théâtre National. J'ai assisté aux répétitions ; on avait beaucoup travaillé, et l'on était en droit de se promettre une intéressante soirée.

Le programme comportait quatre comédies, dont une seule en roumain : *Pe Malul garlei* (Au bord de la rivière), de M. Demetre Ollanesco, puis *Il était une Bergère*, d'André Rivoire ; *Les Charbonniers*, de Philippe Gille, et *Les Boulingrin*, de Courteline.

Le soir de la fête, près de cinq mille manifestants, massés devant le théâtre, arrêtèrent les invités à l'entrée et interdirent le spectacle. Il y eut bagarre ; des blessés restèrent sur le carreau. La représentation n'eut pas lieu. Les invités n'ayant pas réclamé leur argent, la recette qui fut très forte, est demeurée intacte, et les pauvres n'y ont rien perdu.

Les manifestants demandaient la tête du directeur général des théâtres, M. Alexandre Davila, qui avait autorisé la représentation de comédies françaises sur la scène du Théâtre National. Ils empêchèrent le lendemain, une conférence qui devait être faite en français par le directeur du journal *La Roumanie*, à l'Athénée. Enfin, ils ont annoncé qu'ils s'opposeraient avec violence aux représentations de la tournée Le Bargy. Tout cet ensemble de faits avait bien une apparence de mouvements anti-français.

Ce serait une erreur de le prendre ainsi, et il convient de dégager le sens de cette manifestation.

Je dois d'abord aux Bucarestois chauvins des remerciements pour avoir eu la politesse d'attendre mon départ : car, durant mon séjour, il n'est pas de gracieuseté que je n'aie reçue. On m'avait toléré avec encouragement, mais on peut se rendre compte que la Roumanie grandissante a pris conscience de sa valeur neuve. L'âme roumaine s'est éveillée. L'orgueil de sa force virtuelle a créé un mouvement patriotique, qu'on peut appeler le roumanisme.

Ce parti est pour la culture nationale des esprits ; il est, par définition, hostile aux éléments étrangers.

Le désir de voir glorifier la langue et la littérature roumaines, joint au secret plaisir de donner une leçon démocratique à l'aristocratie, a déchaîné l'émeute.

4.

A la vérité, tout cela n'est pas absolument aussi pur et aussi simple. Il y a quelques scories dans le précipité de l'analyse. Le parti germanophile ne pouvait que sourire à ces menées anti-françaises ; l'opposition n'a pu que se réjouir d'un tumulte qui créait au Gouvernement un obstacle nouveau propre à le faire trébucher. Les bagarres sont propices aux changements de ministères.

Mais le sens le plus apparent de cette échauffourée fut le ferme propos des intellectuels de faire triompher, respecter et généraliser la langue et la littérature nationales.

L'élément français étant le plus largement répandu dans le pays, symbolise, par une simplification familière à la foule, l'élément étranger. C'est nous qui recevons les coups. Les Roumains, trop ardents, frappent sur leurs amis — en leur demandant pardon, il est vrai, et en allant chanter la *Marseillaise* devant la Légation de France.

Au total, la démonstration a été un peu vive. Dans l'espèce elle était peu fondée, car la littérature dramatique roumaine n'offre pas encore beaucoup de ressources pour les programmes artistiques des représentations de bienfaisance. Mais l'ambition d'un peuple qui ne veut rien devoir qu'à soi-même est toujours respectable. Espérons seulement que l'originalité pourra aller de pair avec la sympathie.

J'en suis sûr. Je suis retourné depuis en Roumanie, et quand j'ai voulu parler de cet incident, on m'a aimablement arrêté d'un : « La France n'y est pour rien! » Et j'ai pu constater que la presque unanimité est demeurée très fidèle à notre vieille amitié. C'est égal, les auteurs roumains feront bien de composer beaucoup de petites comédies roumaines pour programmes de fêtes de bienfaisance.

Bucarest a d'autres théâtres : Comœdia, le Théâtre Lyrique, qui sert aux troupes en tournée ; le Théâtre du Boulevard, plus populaire ; le théâtre Dacia, des musics-halls, comme l'Edison, ou le Casino, le cirque Sidoli : là, quand les recettes ne vont plus, le directeur offre une soirée aux petits princes, et la foule s'y rue, car ils sont très aimés.

L'été, les spectateurs se pressent dans des jardins-brasseries, où des vaudevilles sont représentés gratis sur une scène en plein air.

Traversons la place du Théâtre ; la rue de la Victoire reprend ; vous passez devant les clubs, et voici sur la gauche le Palais Royal, un édifice de fond à rotonde centrale, flanqué de deux importantes ailes formant une vaste cour, qu'une grille sépare de la rue ; des canons sont braqués devant le corps de garde de la salle du Trône. Il est habité par le Roi et la Reine.

Le Roi est estimé pour sa haute intelligence, sa

puissante faculté de travail, son esprit impartial et élevé.

Quant à la Reine, le monde a mis une double auréole de vénération autour du nom d'Elisabeth, d'admiration autour du pseudonyme littéraire de Carmen Sylva. Chez elle l'esprit vaut le cœur, et l'intelligence égale la mansuétude.

Sa bonté est toujours éveillée et active ; depuis le temps où elle allait sur le champ de bataille de Plevna comme ambulancière, soigner et réconforter les blessés, elle n'a cessé d'aimer et de secourir les malheureux. Sa plus récente pensée fut la création de la Vatra Luminoasa. Elle a reçu l'unanime adhésion du monde civilisé.

Ce fut la grande cité des aveugles. Elle veut les rendre à la vie et à la famille, faire luire une aurore à ces orbites vides ; fournir un métier aux mains tendues pour l'aumône ; replonger l'aveugle dans la vie sociale, et déverser sur tous à flots la lumière de l'âme, irradiant sur le monde des ténèbres.

Comme a dit Hugo :

L'aveugle voit dans l'ombre un monde de clarté.
Quand l'œil du corps s'éteint, l'œil de l'esprit s'allume.

« Nous voulons, a écrit la Reine, fonder une colonie d'aveugles, une cité des aveugles, dans laquelle aveugles et voyants vivront ensemble, en famille, car la plupart des hommes sont mariés ou veulent l'être. Ils viendront à nous, avec femmes et enfants, et formeront une ruche laborieuse. Notre cité des aveugles sera très claire et enjouée, et c'est pour cela que je l'appelle *Vatra Luminoasa,* le « Foyer de Lumière ».

A. Chénier faisait ainsi chanter Homère aveugle :

*Las ! les dieux tout puissants gardaient à mon déclin
Les ténèbres, l'exil, l'indigence et la faim.*

La reine Elisabeth a voulu épargner aux aveugles le sort d'Homère, et, qui sait ? peut-être, en rendant à la vie familiale et commune tant de mendiants régénérés, sauvera-t-elle et gardera-t-elle à l'humanité quelque génie aveugle, un Homère, un Galilée ou un Milton, pour apprendre aux âges à venir que, si un paysan, — le Paysan du Danube — commença la fortune littéraire du beau Danube Bleu, une reine, vingt siècles plus tard, devait la rendre plus illustre encore, en tendant la main aux paysans, ses frères, pour les consoler, les sauver et les chérir.

Reprenons notre promenade le long de la rue de la Victoire.

Traversez la rue Stirbey, la rue Franklin, et vous avez à droite un coin charmant : un joli jardin touffu, enclos d'une grille de fer, s'ouvre en avenue devant un bel édifice dont le style rappelle, en petit, notre Opéra : c'est l'Athénée.

Un péristyle grec de belle apparence domine les

larges marches et s'ouvre au fond par des triples portes de bronze, barrées, au-dessus, d'une frise de médaillons.

Extérieurement, le fronton grec de la façade est dominé par le joli dôme orné de lucarnes à lyres, et surmonté d'une élégante lanterne.

Il faut bien reconnaître que Paris n'a rien de comparable, et que l'Athénée de Bucarest lui fait défaut. C'est une vaste salle de concerts et conférences, avec, autour, d'autres salles qui servent pour des expositions artistiques et des réunions moins nombreuses. Paris n'a pas de salle de concerts. Le vaisseau du Trocadéro ne s'accommode que des cuivres et des fanfares. Les chanteurs, les diseurs, les conférenciers, les amateurs de musique de chambre, sont contraints d'errer entre une salle d'Agriculteurs, une salle d'Horticulteurs, une salle de Géographie, une petite salle Erard ou Pleyel, et les grands concerts étouffent dans la salle périlleuse du Conservatoire, ou sont en location au théâtre du Châtelet.

L'Athénée offre un asile aimable aux arts. La salle est vaste, sans excès, aérée, sonore ; les fauteuils luxueux s'alignent sans s'entasser ; une ligne circulaire de loges encadre l'assemblée ; au fond, tendue de velours et surmontée de la couronne royale, la loge du Palais complète l'effet imposant de cette belle installation.

Pour les réunions d'un millier d'auditeurs, on ne saurait rêver un cadre plus élégant et plus flatteur.

****

Après l'Athénée, la rue de la Victoire s'allonge indéfiniment dans un quartier plus indifférent, égayée par la cloche des tramways. Elle longe le lycée Saint-Georges, vis-à-vis le ministère des Finances, puis l'Académie Roumaine, en face de l'église Saint-Nicolas. Nous passons à la section de la Strada Verde, de la Strada Frumosa ; des jardinets isolent des maisonnettes mystérieuses ; on se croit en banlieue : et soudain voici l'épanouissement de l'immense place de la Victoire, avec l'aboutissement de quatre grandes avenues, dont le beau boulevard neuf Coltei, et la chaussée Bonaparte, que domine le pompeux palais Sturdza. Au-delà, c'est la Chaussée, le Bois de Boulogne de céans, longue et agréable promenade, très fréquentée par les promeneurs et les beaux équipages. Je note cette mode curieuse : au lieu de circuler au pas et de faire plusieurs fois lentement le même circuit, comme aux Acacias, au Bois de la Cambre ou aux Delicias, ou au Prater, ici les équipages stationnent, l'arrière acculé au trottoir, côte à côte ; et du fond de la voiture, les promeneuses arrivées regardent passer celles qui arrivent.

**

La calea Moshilor est reliée à sa base, avec le départ de la rue de la Victoire, par la rue Lipscani, qui est bien l'une des plus curieuses.

La Lipscani doit son nom aux marchands de Leipzik qui venaient s'installer là autrefois, en arrivant de la fameuse foire. Elle est demeurée la plus commerçante des rues. Du côté de la rue de la Victoire, elle est moderne et banale, passe entre la Banque et de grandes maisons de commerce, puis, bientôt, elle prend plus de caractère, de couleur, et tout ce quartier, de la rue Covaci à Saint-Georges, au Temple Juif, et à l'église de Sainte-Vénus, a un aspect bien spécial. Les boutiques sont petites, tassées les unes contre les autres, ouvertes toutes grandes, sans fenêtres ni glaces, comme des souks tunisiens. L'œil plonge, de la rue, dans le modeste magasin, où s'entassent les tapis, les étoffes bariolées, les costumes, les chaussures, les sacs de maïs ; elles sont toutes surmontées d'une haute enseigne de bois peint, violente de tons, en réclame criarde, hurlante, et la rue en est toute éclairée de couleurs vives, égayée par cette floraison ardente de bleu cobalt, d'écarlate et d'or, qui pique sur les basses maisons blanches des notes éclatantes, comme des fanfares foraines.

* *
*

Un des attraits de Bucarest est dû à la quantité de ses églises, dont la plupart sont si petites qu'elles semblent destinées aux seuls voisins immédiats. Beaucoup de ces basiliques furent abandonnées ou détruites, faute de fonds pour les entretenir toutes : néanmoins, la ville de Bucarest possède encore, à l'heure actuelle, 114 églises orthodoxes, deux sanctuaires catholiques, un temple protestant et trois temples israélites.

Parmi les sanctuaires les plus anciens de la capitale, on compte l'église Saint-Gheorghe-Vechiu, construite en 1562, l'église Ghiornei-Banul, édifiée en 1567, l'église de Gergani en 1692, l'église Mihai-Voda en 1558, l'église Saint-Nicolas-Sarbi en 1642, l'église Popa Terca ou Sfinzilor en 1696, l'église Stelea en 1632, etc.

La majorité des autres églises ont été construites entre 1650 et 1780.

Le clergé de la capitale se compose de 177 prêtres, 15 diacres, 184 chantres, 106 bedeaux, 14 chœurs, 8 lieutenants d'évêques et 23 moines.

Les églises ont beaucoup de caractère, avec leurs coupoles qui mettent sur le toit leurs larges ampoules, et leur architecture de style roman et byzantin. La Métropole où officie le Métropolite

Primat, chef de l'Eglise Roumaine et où le Roi fut sacré, est d'un aspect imposant, avec sa double frise de mosaïques surmontant le narthex à colonnades, et ses quatre lanternes octogonales qui éclairent mystérieusement le sanctuaire par le haut. Là sont les reliques de saint Démètre, qui guérit les maladies, console les affligés, fait pleuvoir, ramène le soleil, et arrête les épizooties.

L'église Domnitza Balacha est neuve ; sous ses murailles de briques dont les arabesques blanches et rouges alternent avec des lignes de pierre, son narthex élégant aux fines colonnades mauresques, son avant-corps, ses cinq coupoles, elle semble une grande chapelle au fond d'un parc seigneurial. Je la revois, un soir de grand mariage dans la famille Lahovary, toute embrasée des feux de mille cierges, dont les flammes faisaient danser des reflets sur les ors des mosaïques et des icones, sur les cuivres des torchères et des lampes. Il était minuit ; les dames en toilettes de bal, les messieurs en habits noirs, les officiers militaires, les prêtres à longs cheveux, tout ce mélange donnait une impression étrange et complexe ; tout l'Orient chantait dans la mélopée traînante des prières, et s'évaporait dans la fumée de la myrrhe ; et l'Occident s'affirmait dans les plis des jolies toilettes signées par nos grands faiseurs de la rue de la Paix, et dans l'élégance des invités en fracs et en gants blancs.

Au dehors, sous la pluie et sur le sol détrempé, les valets de pied, à boutons dorés, pataugeaient pour circuler à travers les innombrables équipages, et appeler le cocher de leur maison.

Je ne veux pas vous faire passer en revue tous ces sanctuaires : Amza, Zlatar, Mihai Voda, Curtea Veche, Radou Voda, exhaussé sur un tertre d'herbes sauvages ; Antim, pittoresquement encadré de masures, avec ses colonnes aux socles ciselés ; Saint-Spiridion, importante et riche basilique, etc... Stavropoleos, derrière l'Hôtel des Postes, est un joyau. Au milieu d'un terrain où les platanes poussent comme ils veulent, la jolie petite chapelle abrite les colonnades fleuries de son narthex, sa balustrade ajourée, et la poésie sainte de son fronton, où des médaillons pieux et des figures auréolées d'or, alternent avec des feuillages de pierre et un cordon ciselé de marbre, au-dessus des arcades flamboyantes que soutiennent des chapiteaux anciens aux feuillages mordus par la rouille. L'intérieur est sombre, les ors sont brunis, les fresques sont délicieusement fanées, le jour est avare ; et ce tout petit sanctuaire est l'asile de la poésie, du recueillement, du repos silencieux.

Une autre chapelle encore m'attira. De mes fenêtres, je voyais chaque jour des loqueteux se diriger vers une petite piazzetta fermée par le narthex d'une églisette blanche au toit de tuiles. J'y allai. Son nom ? Je n'en sais rien ; peut-être bien l'église du Seigneur, car la ruelle qui la longe aboutit à la Strada Domnei. Modeste, dissimulée derrière les maisons, elle dresse silencieusement son clocheton carré au-dessus de sa façade jaune, que décore une grande tête peinte du Christ. Et toujours cet intérieur de pénombre, une odeur d'encens et de renfermé, une atmosphère lourde et obscure, entre les fresques céruléennes et les ors patinés de l'iconostase, avec un rayon de jour descendant de l'étroite coupole, comme ces rais lumineux qui zèbrent l'espace dans les images pieuses des scènes évangéliques.

Et encore, au pont Roseti, devant la Dimbovitza, c'est la modeste petite église dédiée au pâtre Bucur, fondateur présumé de la ville, un modeste bâtiment effrité, avec un petit vestibule de bois, et une coupole en forme de champignon, surmontée d'une croix de fer.

Dans l'enclos de planches, l'herbe pousse, et quelques arbres ombragent les ajoncs du talus.

Il y a quelque chose de singulièrement attrayant à ces édifices sacrés par les prières des siècles. Leur forme archaïque, la roideur des lignes, les grands murs latéraux sans fenêtres, aveugles, unis comme des pans de rocher, le toit à peine incliné, les arcatures romanes et géminées, en plein cintre, les entablements, les images pieuses surmontant le narthex tout verdi par les fresques hiératiques, les coupoles soufflées comme des méduses sur les toits de zinc vieilli, l'aspect sévère de ces cubes de maçonnerie, ces dés de pierre dont l'intérieur est délicatement fouillé, orné, doré, enluminé, ciselé, tout concourt à assurer aux basiliques roumaines, à celles de Bucarest, à celles des monastères dans les montagnes, à celles des villes de province, un charme spécial qui les fait aimer.

Les autres cultes ont aussi leurs temples : cathédrale catholique Saint-Joseph, chapelles catholiques de La Baratzia, des Dames de Sion, des Religieuses anglaises, chapelle luthérienne, église calviniste, synagogues juives.

* * *

J'ai visité le Musée : il contient de belles pièces d'art religieux ancien, et surtout le fameux trésor de Petroasa, du vi^e siècle, qui appartint à un roi Wisigoth : vases d'or, coupes, plats, et une poule d'or avec ses poussins, semblable à celle qu'on a retrouvée en Espagne. C'est l'invasion des Huns qui mit en fuite le propriétaire de ces richesses ; il les enfouit pour les reprendre à son retour ; mais il n'est pas revenu. Et elles ont dormi dans la terre durant treize siècles. Elles sont exposées dans une vitrine de fer, qui descend le soir sous le plancher.

J'ai surtout admiré les vieilles fresques apportées du vieux monastère de Curtea de Argesch, et j'ai été attristé de les voir là, à cette place. On les a recopiées là-bas, dans la basilique rénovée, repeinte et redorée. Il est toujours fâcheux, en art, de substituer, fût-ce une belle copie à d'anciens originaux. Mais c'est la méthode de Viollet le Duc qui a sévi sur les vieux édifices du pays, et tout est remis à neuf.

Au Musée d'antiquités, l'archéologue trouve d'utiles documents, tout un lot d'inscriptions dont il faudrait faire le *corpus* pour l'histoire de la colonisation romaine en Dacie, et aussi les bas-reliefs du monument d'Adam Clisi; ils font un précieux pendant à la frise montante qui enlace la colonne Trajane. L'érudit conservateur, M. Gr. Tocilesco, a étudié ces textes et documents dans d'excellents travaux.

Le Musée Aman, la Pinacothèque du Palais de l'Athénée, l'Ecole des Beaux-Arts méritent encore d'être visités.

*
* *

Le goût des arts et des sciences s'est singulièrement développé depuis un demi siècle. L'Université de Bucarest, composée de cinq Facultés, compte un millier d'étudiants, et il y en a autant à celle d'Iassi. Pour l'enseignement secondaire, la ville a les lycées Saint-Sava, Lazar, Matei Bessarab, Sincai ; les lycées de jeunes filles sont très suivis, et celles-ci font volontiers leurs études supérieures. A Craiova, j'ai été reçu chez l'aimable président du Jockey Club, M. Popp, dont la jeune femme m'a offert sa thèse de doctorat ès-lettres, sur les statuettes de Tanagra.

C'est un geste qui n'est pas encore fréquent en France.

Les écoles spéciales sont au complet : Ecole de Commerce supérieure, Ecole des Ponts et Chaussées, Ecole d'Agriculture, Ecole des Arts et Métiers, Conservatoire de Musique et de Déclamation, dont j'ai entendu les jeunes élèves femmes à un vendredi musical de la Reine, qui leur porte un touchant intérêt.

Ajoutez l'Ecole Militaire, l'Ecole Vétérinaire, l'Ecole supérieure de Pharmacie, l'Observatoire, l'Institut Météorologique, jolie construction de style féodal, l'Institut de Bactériologie et de Pathologie, l'Institut d'Anatomie, l'Institut de Chimie analytique, fondé par un homme fort intéressant, le Dr Istrati, un ami de la France.

Je l'ai beaucoup connu l'année de l'Exposition générale Daco-Roumaine, dont il fut le commissaire général. C'est un colosse à longue barbe noire, à l'œil bienveillant. Ancien élève de l'Ecole de Médecine Militaire et des Facultés de Médecine et de Sciences, docteur en chimie et en médecine (il fit sa thèse sur l'incinération des morts au point de vue de l'hygiène publique), il prit part à la guerre Russo-Roumano-Turque, fut à Corabia, franchit le Danube comme chef de la 3e section de la Croix-Rouge, alla à Mousselin-Selo, à Grivitza, à Meçca, prit part aux attaques du 30 août et du 6 septembre, repassa le Danube le 27 septembre 1877 avec des blessés se dirigeant vers Turnu Magurele, où il fut atteint du typhus. Il est décoré de la médaille des Défenseurs de l'Indépendance, de la médaille russe de la Guerre et de la Croix de Vertu Militaire. La Croix-Rouge belge le nomma membre d'honneur.

Ses études sur les eaux minérales et thermales, en Bohême, en Allemagne et à Auteuil-Passy, chez le Dr Bénibarbe ; ses travaux d'hygiène et de chimie judiciaire au laboratoire de M. Schutzemberger, au Collège de France, l'ont désigné pour être élu membre de la Société de Chimie de Paris. Les spécialistes se rappellent ses communications au Congrès de Blois, sur l'Ethylbenzine monochlorée, et sa découverte des *Francéines*, substances colorantes sans azote, est bien connue. Son traité de chimie a été traduit en français par M. Adam, et sa biographie de Lavoisier est une utile contribution aux sciences chimiques, dont il est un des plus autorisés représentants. Plusieurs fois ministre, commandeur de la Légion d'honneur, il a reçu sous toutes les formes les plus flatteuses la récompense d'une carrière laborieuse et bienfaisante.

D'autres grands établissements scientifiques attestent l'activité intellectuelle des néo-roumains : la Société de Géographie, la Société des Sciences Naturelles, l'Institut de Botanique, l'Institut de Zoologie, l'Académie Roumaine, composée de 36 immortels, qui travaillent au dictionnaire roumain, avec plus de rapidité que l'Académie Française au fameux dictionnaire, dont Boisrobert disait :

> Depuis deux ans à l'F on travaille ;
> Et le Destin m'aurait fort obligé
> S'il m'avait dit : tu vivras jusqu'au G.

Et je ne vous ai rien dit encore des autres institutions : Bibliothèque Nationale, Bibliothèque de l'Académie Roumaine, Bibliothèque de l'Université, Bibliothèque Rossetti, Bibliothèque de la Fondation Universitaire Carol Ier, où le sympathique critique d'art, M. Tzigara Samurcas a réuni plusieurs milliers de projections, ensembles et détails, des œuvres d'art du monde entier, pour illustrer ses cours d'esthétique. J'ai assisté à une de ses leçons, que, par une délicate attention pour moi, il fit ce jour-là en français : il parla de Donatello et de Giotto avec science, ingéniosité et agrément ; j'en ai gardé l'agréable souvenir.

Je ne vous mènerai pas à la Banque Nationale, à l'Ephorie des Hôpitaux, aux Ministères, qui sont de forts beaux édifices (le Ministère des Affaires étrangères est un palais superbe) ; à l'Hôtel des Postes, presque aussi imposant que le nôtre ; à la Caisse des Dépôts et Consignations, une des plus splendides constructions de toute l'Europe Orientale ; au Palais de Justice, orné de colonnes et de statues, et si je ne vous fais pas grâce des nombreux hôpitaux : Hôpital Coltza, la Polyclinique, la Philanthropie, le Colentina, l'Hôpital des Enfants, la Maternité, la Marcoutza, le Pantelimon, les fondations Brancovan, Bibesco, le Zerlendi, le Sanatorium, les Asiles Otetelechano, Slatineano, l'Elisabetheum, fondation de la Reine, l'Asile des Vieillards, l'Asile Hélène, pour les orphelines, filles d'officiers : c'est que tous ces détails, fastidieux dans une ville occidentale, ont ici une éloquence particulière.

Si l'on songe qu'en 1835, Saint-Marc-Girardin pouvait écrire les notes de voyage que vous avez lues plus haut, on est stupéfait de la prodigieuse rapidité avec laquelle Bucarest s'est pourvue de tous les rouages, les plus délicats et les plus complets, d'une ville moderne et modèle.

Je n'ai vu qu'en Amérique pousser de pareils champignons, si je puis dire, de civilisation soudaine, riche, durable.

Les squares et les places se hérissent de statues qui commémorent les grands noms historiques et littéraires du pays, depuis Michel le Brave (xvie siècle), dont le socle est flanqué de canons, et le Spatar Cantacuzène (xviiie) et la princesse Balasha Brancovan, jusqu'à Jon. C. Bratiano, Al. Lahovary, Floresco, Protopesco Pache, Rosetti, G. Lazar, le défenseur de la langue roumaine ; Eliade, Radulesco, le poète national; M. Eminesco, etc...

Raffet a dessiné une lithographie qui représente un caravansérail de Bucarest en son temps. C'est une grande cour entourée de bâtiments à un étage, bordés intérieurement de deux galeries à colonnes de bois et à balustrades. L'escalier est en plein air ; il descend de la galerie supérieure dans la cour, parmi les poules et les chariots à bâches rondes, sur la terre battue. Les toits inclinés s'avancent en auvent au-dessus des arcades qui réunissent les piliers. Des lucarnes éclairent les greniers. Des paysans sont groupés autour d'un grand feu qui fume au milieu de l'enclos. Du linge sèche à des cordes tendues entre les colonnes. C'est une auberge de village, dont on subodore la saleté et la simplicité rustique.

Les temps sont changés. Aujourd'hui, des hôtels nombreux offrent au voyageur tout le confort désirable, éclairage électrique, téléphone, calorifère, salles de bain. Le pittoresque y perd ce que la commodité y gagne. Une douzaine d'hôtels sont très confortables, et quelques-uns assez luxueux. Le plus grand peut loger plusieurs centaines d'étrangers ; un vestibule élégant, un superbe et vaste salon de marbre à grosses colonnes, un restaurant lumineux et aéré, du genre des meilleures maisons de Paris, assurent l'agrément du séjour ; les salles sont assez larges pour les banquets les plus importants. Ils n'ont pas le pareil en Espagne, assurément.

Quelques beaux restaurants, qu'égaient les tziganes de Ciulac ou de Mahaili Mitache, des confiseries élégantes pour le five o'clock tea et les soupers de minuit, des cafés confortables et copieusement éclairés le soir, donnent au centre de la ville l'air animé et moderne.

Les fiacres de Bucarest — les traineaux en hiver — sont célèbres ; ils sont excellents. La voiture est propre, bien tenue, luisante, vernie comme une victoria de maître ; elle est attelée à deux chevaux ; la flèche est fort longue et se relève au bout par un ornement nickelé ; les harnais sont élégants, polis ; les bêtes sont de choix, vigoureuses et rapides. Les cochers (birjari) sont très particuliers, coiffés de la toque de loutre ou d'astrakan, vêtus à la russe d'une ample pelisse de peluche plissée, formant jupe, serrée à la taille par une ceinture de laine rouge dont les bouts frangés pendent sur le côté. La figure est rasée, adipeuse ; ils sont gros, et ils ont une voix de tête très caractéristique. Ce ne sont pas des hommes ordinaires. Ils appartiennent à une secte religieuse russe, les Lipovans, qui exige de ses adeptes de se marier, d'avoir deux enfants, puis de se faire châtrer : ils savent ainsi l'étendue de leur sacrifice volontaire.

En prenant un fiacre, on ne donne pas au cocher l'adresse à laquelle on se rend. Il part droit devant lui, et c'est au client, à chaque tournant de rue, à le frapper de la canne sur l'épaule droite, ou gauche, selon la direction qu'il doit prendre. Le voyageur fait ainsi son propre itinéraire. S'il a une distraction, l'automédon pousse toujours de l'avant, sans souci du but. C'est une des plus curieuses impressions, au début, de voir ces cochers, à qui on ne dit pas où l'on va, et qui vont tout de même quelque part.

Tous les fiacres, même en hiver, sont des victorias découvertes. Le fait de commander une voiture fermée, est un geste de somptuosité et de luxe ; le coupé est réservé aux grandes circonstances. A l'un de mes voyages de conférences, mon impresario me mena, dès mon arrivée, porter des cartes de visite chez quelques notabilités ; la tournée se fit en coupé ; c'était plus digne, aux yeux des valets de chambre qui venaient ouvrir les grilles. Comme il faisait un beau soleil, c'était moins agréable. Mais il m'assura que la victoria est pour les petits personnages.

Les fiacres automobiles sont très nombreux.

De leurs sièges, en attendant les clients, les Lipovans regardent de leurs yeux sans vigueur, le va et vient de la rue, dont les types sont variés. Une part reproduit l'aspect des rues de l'Ouest, avec nos costumes, nos vestons marrons, nos chapeaux ronds, bouffis de banalité. Mais, entre ces exemplaires de la mode moderne, se glissent des costumes locaux : et les postillons, vêtus tout collant de drap blanc incrusté d'une mosaïque de losanges verts et bleus, ont l'air de semi arlequins qui sortiraient d'une cuve de céruse ; le cireur en haillons est accroupi derrière sa boîte à flacons jaunes ; le balayeur au bonnet pointu, d'astrakan roussi, est habillé de grosse toile jadis blanche ; le savetier, chaussé de torchons, travaille pour d'autres chaussures que les siennes ; le fruitier tend la balance au client défiant, qui vérifie lui-même la pesée de ses pommes ; le marchand de coco promène ses chopes de bois à couvercles, et sa cruche épaisse de bois, droite comme un seau, cerclée de cuivre rouge ; les popes aux longs cheveux, les religieuses à chapeau plat et au long voile noir, les soldats, les paysans vêtus de peaux de moutons, les bouchers porteurs de jeunes agneaux écorchés, les vendeurs de maïs, de piments, les femmes aux beaux tabliers égaient le panorama de la rue, et les boueux, bottés de toile, déversent sur la chaussée qu'ils nettoient, l'eau des auges de fer, à deux roues et à main, plus nombreuses que les tonneaux automobiles récemment acquis par le Ministère des Travaux Publics.

Les Ministères présentent un curieux aspect de familiarité et de bonhomie. Ils sont ouverts à tous, et l'on se demande comment un Ministre n'est pas débordé, tant la facilité d'accès est grande. J'ai rencontré dans le cabinet du Ministre de l'Instruction Publique, des instituteurs, des directeurs d'écoles, de modestes fonctionnaires, qui viennent tout naïvement exposer leurs désirs. La race du garçon de bureau superbe et inhospitalier y est inconnue. Les solliciteurs font antichambre sur les divans du chef de cabinet. Chaque citoyen est chez lui quand il vient voir son grand patron. C'est patriarcal, aimable et touchant.

Le Sénat siège dans les locaux de l'Université. J'ai assisté à une séance de la Chambre des Députés. Celle-ci est éloignée du centre, au sommet d'une colline. C'est une vaste pièce, où les sièges des représentants sont disposés en gradins, non pas en amphithéâtre, mais dans la longueur de la salle. Chacun a devant soi un pupitre à tiroirs. A gauche, les tribunes du Corps diplomatique et des invités, à droite le banc des Ministres, séparés par une cloison, comme le banc de la Fabrique, dans nos églises. Au fond, l'estrade du bureau, avec, devant, la tribune et la table des sténographes. Les boiseries sont peintes en brun, et l'aspect général est sombre, sans luxe ni architecture. On dirait un amphithéâtre de faculté. Le chef de l'opposition d'alors, M. Bratiano, prononçait un long discours sur le budget. Il parlait de sa place, sans user de la tribune, en roumain.

Derrière la salle des séances sont les bureaux,
la buvette, la bibliothèque, d'où l'on a une belle
vue sur les champs de Filaret et sur le panorama de la ville.

* * *

Un chef d'escadron de mes amis m'emmena un
matin à son quartier, et j'ai pu constater la très
bonne tenue des casernes, installées avec le souci
de la meilleure hygiène. Les soldats sont de
rudes gas, des paysans qui sont tout heureux
de ce confort, dont leur chaumière ne leur donnait
aucune idée. Ils ont la tête dure, et j'ai assisté à
des exercices qui font plus d'honneur à leur bonne
volonté qu'à leur agilité d'esprit. Mais ils retiennent
longtemps ce qu'ils ont appris, dès qu'ils le savent.
Je vois encore un brigadier exercer quelques
hommes au mouvement de rotation de la tête à
droite et à gauche, ce qui est un des premiers
préceptes de la gymnastique suédoise, et de la
callisthénie. Ces solides gas semblaient faire
effort pour accomplir cet acte de souplesse, comme
si leurs vertèbres étaient conglutinées par des
siècles de travail dans les champs, au soleil. Mais
quelle docilité et quel bon vouloir ! Les officiers
sont superbes, avec le dolman rouge ponceau,
serré à la taille comme sur un corset. Ils sont tou-

jours en uniforme, aussi l'aspect des rues en est-il fort éclairci. C'est l'étonnement et la tristesse des étrangers à Paris : on n'y voit plus jamais d'officiers dans les rues ; on dirait qu'une honte s'attache à ce symbole glorieux de l'uniforme, haï par quelques énergumènes. L'officier, après ses heures de service, revêt bien vite la tenue civile, comme s'il quittait une livrée. C'est dommage. La cité est grise et le panache n'est plus.

Les écuries sont d'une tenue parfaite, et la propreté est meilleure là qu'en ville. Les chambrées sont des dortoirs qui ressemblent à ceux de nos lycées. Chaque homme a sa cantine sur une planche, et les vêtements sont pendus dans un vestiaire voisin. Des gravures coloriées ornent les murs et clament les dangers de l'alcoolisme, ou le prestige du courage. Au fond du dortoir une construction compliquée, en carton vivement peint, représente un castel à créneaux et tours ; les portes sont des cibles à surprises, et les cavaliers charment leurs loisirs à confectionner ces amusettes, sur lesquelles ils tirent par manière de passe-temps profitable.

L'industrie se développe. Des usines très modernes et très complètes fonctionnent. J'ai visité une fabrique de chapeaux en feutre des mieux

installées, où la laine entre brute et sort à l'autre
bout sous forme de très beaux chapeaux ronds
d'un prix accessible. On en fabrique des milliers
par semaine, de quoi coiffer toute la Roumanie
en peu de temps. Une machine à dorer à chaud
imprime au fond de la coiffe ces mots que je lus
avec étonnement : " Made in London ".

J'interrogeai, surpris de cette nationalité imposée
à un chapeau né sous mes yeux à Filaret. Le
patron m'expliqua :

— Il faut cela. Le Roumain n'aime pas les
produits indigènes. Il n'a pas confiance. Il lui
faut des articles étrangers, alors on lui en donne.

Et il y a une certaine gaieté à concevoir l'orgueil du Roumain, qui arbore sur sa tête cet
objet de chic anglais, manufacturé à 200 mètres
du magasin de vente. C'est ainsi que j'ai visité
à Nuremberg une fabrique de gants qui fournit
les gantiers de Grenoble. C'est la foi qui sauve.

La Société a une existence en tous points semblable à la vie mondaine de Paris. On parle français
dans tous les salons où l'on se réunit pour des
five o'clock tea, jours de visite, dîners, soirées
artistiques, bals. La comédie de salon est très
répandue ; des dames et des amateurs ont un

réel talent. Les pièces jouées sont les mêmes que chez nous, ce sont celles de Tristan Bernard, de Courteline, et de nos fournisseurs attitrés. J'ai assisté à une soirée privée " Chatnoiresque ", de très belle humeur. Les dîners en tête, les bals costumés sont très en honneur. La richesse des toilettes est remarquable. Les dames font assaut de goût et de luxe, ce qui donne à ces réunions un cachet de haute élégance. Les dîners sont sompteux, et ils ont d'autant plus de mérite, que la plupart des provisions viennent de Paris ou de Vienne ; elles ne sont livrées que deux fois par semaine par l'Express-Orient, dont l'arrivée impose la date des cartes d'invitation ; car il faut servir des primeurs rares.

La France était cette année là gracieusement représentée chez notre Ministre M. Bourgarel, déplacé depuis : sa charmante femme tenait brillamment ses salons.

J'ai assisté à une grande réception chez la princesse Cantacuzène, femme du Président du Conseil d'alors. Elle habite un des plus beaux hôtels de la ville, rue de la Victoire, comparable à nos hôtels de l'Avenue Friedland, et meublé par les grands tapissiers de Paris. Le grand salon est immense, sous coupole, avec des loggias à la hauteur de l'étage, des colonnes et des balustrades de marbre. Il y a un salon de musique Louis XV, en laqué blanc, avec estrade, qui est d'un goût charmant. C'était une fête de veille de Carême, une "folle journée" comme ils disent, après Beaumarchais. On arrive à quatre heures de l'après midi, et on danse jusqu'à minuit. C'était un coup d'œil merveilleux ; beaucoup d'uniformes chamarrés ; toutes les femmes ont des robes d'une grande richesse et des bijoux de haute valeur. On sent que la Société ne compte que des familles qui ont une grosse fortune. La classe moyenne n'existe pas. Entre l'aristocratie et le peuple, il n'y a rien.

A partir de huit heures, on dîne par fournées, et comme les invités étaient fort nombreux, on a dîné fort tard. Il fallait bien accorder trois quarts d'heure à chaque service. A onze heures, on dînait encore. Entre deux fournées, les aspirants et les aspirantes à la truite saumonée, — et ceci est assez local — font queue devant la porte vitrée de la salle à manger, et nul ne s'en étonne. On se bouscule pour entrer. J'aime assez ce petit air de sauvages affamés qui met parmi les toilettes de la rue de la Paix, le sans-gêne d'êtres demeurés encore simples et lointains.

Ils aiment beaucoup la danse. Durant tout le temps de la réception, les tziganes, installés dans une des loggias, ne cessent pas de jouer. Les danses nationales, comme les costumes du pays, sont proscrits, et c'est dommage. C'est là qu'il faut venir pour revoir les vieilles danses devenues démodées chez nous, schottisch, quadrilles, lanciers, valse à trois temps. C'est une impression amusante de voir cette jeunesse orientale, brillante, mise à la parisienne, et attardée dans ces formes désuètes. Les couples sont inlassables, et la salle du bal ne chôme jamais. Un cotillon termine la soirée : le luxe insensé des accessoires, qui ruine nos maîtresses de maison, n'a pas encore gâté la simplicité de ce divertissement, à qui suffisent des rubans, des cocardes, de petits tambourins venus de la rue de Rivoli, et de chez Choumara.

*
* *

Il faut parler avec une extrême prudence. Les partis sont si hostiles l'un à l'autre et si âpres dans leur haine, qu'ils s'offensent aisément. Lors de mon premier voyage en Roumanie, le soir même de mon arrivée, je m'arrêtai à Craïova où je fus invité à un banquet organisé par le "Jockey-Club". J'étais très mal au fait des partis et des personnalités, et les quelques heures qui précédèrent ce dîner n'avaient pas suffi à faire mon éducation. Je ne songeai même pas à demander à mes hôtes leur couleur politique, et nous causâmes agréablement de sujets variés.

Au dessert, on prononça quelques paroles en l'honneur de la France, et dans celles que je dis, je nommai les premiers instaurateurs de l'indépendance roumaine, entre autres le vieux Bratiano, père du député ministre actuel. C'est comme si on nommait Thiers ou Gambetta en parlant de 1870 en France. Je fus tout étonné lorsqu'au sortir de table des amis vinrent me dire confidentiellement :

— Dans votre discours, sans le savoir, vous avez fait de la politique.

— Ah ! bah ?

— Vous avez nommé Bratiano. C'est le nom d'un des chefs du parti libéral, et vous êtes ici dans un Club Conservateur.

— Mais je n'ai pas parlé de votre Bratiano actuel ; c'est de son père, celui dont la statue de bronze se dresse sur une place de Bucarest.

— Oui, mais c'est le même nom. On sait bien que les étrangers ne peuvent pas être au courant de nos dissensions ; cela n'a de votre part aucune conséquence. Mais je tenais à vous mettre sur vos gardes.

Cet ami me rendit un vrai service, car j'eus souvent à me rappeler le " Jockey-Club " et la discrétion avec laquelle il faut éviter de parler, devant les gens d'un parti, de ceux du parti adverse.

Nos querelles politiques sont des entretiens à

la Rambouillet auprès de leurs discussions. Mais au fond, ce n'est pas grave. Les Roumains sont d'anciens Marseillais qui ont bien tourné. Ils font beaucoup de bruit, et se font peu de mal. Dans les grandes circonstances, tous redeviennent frères.

Quoi qu'il en soit, n'allez pas en Roumanie sans savoir exactement de quelle couleur politique sont les personnes que vous devrez rencontrer : heureusement pour l'étranger, il y a beaucoup de caméléons.

Quelque nombreuse que soit la Société, elle vit sur elle-même et ne se renouvelle guère. En visite, on retrouve les mêmes visages. Les réceptions, thés, dîners, sont sans caractère spécial, et tout à l'instar de Paris. Dans le monde, chez Mme C. Dissesco, chez Mme Stoicesco, dont l'hôtel est d'un goût très-artistique, chez Mmes Butculesco, E. Lahovary, Henry Catargi, G. Cerkez, Arion, C. Hiott, Vacaresco, Soutzo, P. Eliade, M. Holban, etc... on oublie la distance parcourue, et rien ne rappelle à un Français qu'il n'est plus à Paris. Ces milieux sont charmants, mais n'ont aucune couleur locale.

Chez Mme Bratiano, directrice de l'Œuvre la Furnica, le passé artistique de la Roumanie revit dans de merveilleuses collections de broderies roumaines anciennes, dont j'ai retrouvé et admiré aussi des exemplaires intéressants chez la Générale Candiano. A Bucarest, le beau monde répudie l'Orient, et le « genre » est de *s'orienter* à l'Ouest.

****

Pour le touriste l'intérêt artistique et pittoresque est dans la rue. Dans le monde il n'est pas assez dépaysé ; et c'est « pour voir autre chose » que l'on voyage. Bucarest, même à cet égard, vaut le déplacement.

Un Américain disait, en parcourant la France :

— Ce qu'il y a de plus surprenant pour nous quand nous visitons Paris et les principales cités de votre pays, c'est de voir des « villes finies ».

En effet, les villes américaines, si jeunes et si rapidement constituées, sont dans un perpétuel devenir. Bucarest donne la même impression que les grandes bourgades des Etats-Unis, et nous étonne par son aspect de jeune ville « en train » de se faire. Le Gouvernement a mis au concours le plan de systématisation de la cité, alignement des rues, et régularisation uniforme des maisons. Bucarest y perdra ses taches de couleur locale et ses coins pittoresques. Elle y gagnera de la banalité, de l'opulence et de l'apparence ; elle sera toute occidentale. Hâtez-vous de la visiter tant qu'elle a encore son caractère.

[*]

Un sentiment bien particulier, que j'ai observé
à de fréquentes reprises, est l'indifférence de
nombreux Roumains pour tout ce qui touche à
leur passé et à leur tradition locale. Ils ont comme
une sorte de petite gêne à l'égard de tout ce qui
est spécial à leur pays, le costume roumain, les
quartiers populaires qui ont conservé dans sa
pureté le caractère original de jadis. Leur plus
vive ambition est d'être considérés comme des
Occidentaux. Leur fierté, ils la mettent dans
leurs édifices neufs, dans leur tenue parisienne
ou anglaise, dans leur connaissance des usages
de Paris, des livres et des comédies ultra-car-
pathiens, de nos mœurs et de nos manières. Ils
se meublent à Paris, et ils s'habillent à notre
dernière mode. Ils délaissent le costume national.
Ils méprisent les faubourgs pittoresques.

[*]

Le hasard de mes promenades me mena un jour
derrière les Lipscani, vers le quai de la Dimbovitza. Je fus émerveillé par le coloris du spectacle.
Les rues et les places sont de terre battue ; les
boutiques sont de pauvres échoppes qui font

un tableau à ravir un artiste. Des tziganes accroupis, en haillons, vendent des grappes de piment rouge ; de pauvres gens vêtus de toile jaune fabriquent et vendent des chaussures qui semblent être des poches de cuir replié ; devant les baies des souks, s'empilent des produits indigènes, des roues de fromage de buffle, des sacs de graines autochtones, des compotes violacées qui tremblent dans des écuelles jolies, et où le marchand plonge des cuillers en bois sculpté qui orneraient avec honneur une panoplie d'objets populaires, dans l'atelier d'un peintre ; des buires, des brocs d'une céramique charmante et d'une fantaisie gracieuse d'ornements, des seaux de bois évasés, cerclés de cuivre, et fermés d'un couvercle ; les cafés sont de modestes baraques en planches, précédées d'un portique, soutenu par des piliers le long desquels s'enroule le chèvrefeuille ; un homme vêtu de cuir fait frire des morceaux de viande sur un fourneau de maçonnerie, allumé en plein air ; sur la route passent de curieux attelages d'énormes buffles, qui traînent des chariots romains, dont les essieux sont reliés à la carrosserie par des pièces de bois en arc-boutant ; au milieu de ces échoppes vont et viennent marchands et clients, vêtus de cuir ou de toile ; les hommes ont des vestes brodées, des ceintures pourpre, des pantalons blancs très collants, des toques d'astrakan pointues ; les femmes aux corsages brodés attachent sur leurs hanches deux tabliers chargés de dessins à l'aiguille, l'un devant, l'autre derrière ; et elles ont des fleurs dans leurs cheveux noirs.

C'est bien l'Orient. Dans les usages de la ville on le retrouve souvent, — ne serait-ce que dans la répugnance fastueuse des gens de la gentry à aller à pied. On n'oserait pas entrer dans l'allée d'une maison — toutes les maisons sont plantées de côté, avec perron, sur une avenue latérale, — autrement qu'en voiture. Il y a un faste extérieur très levantin. Au magasin, il est de mauvais ton de marchander.

Dans les faubourgs, dans la *mahala* toute brunie par les haillons et les tignasses des tziganes, l'Asie reparaît.

La race orientale a quelque chose de pénétrant et de mordant ; elle imprègne intimement les lieux où elle passe. De même que les parfums d'Orient sont forts et tenaces, et que le coffret de bois, strié d'or, garde jusqu'à la fin la senteur des aromes de Judée qu'il a contenus, de même les pays où ont séjourné Turcs ou Arabes s'en ressentent longtemps. Et des siècles après, vous direz encore avec le poète : les Turcs ont passé là. Voyez combien l'Espagne et le Sud de la France sont marqués par l'empreinte des Sarrazins du ixe siècle. Le cor de Roland a mis en déroute l'émir Baligan, mais il n'a pu chasser le relent et le souvenir que les Maures ont imprimés fort avant sur le sol. Toulouse, Pontevedra, sans nommer Séville et Tolède, conservent la marque d'un lointain passé oriental. En Roumanie, ce passé est tout récent ; des provinces, vers Routschouck et Constanza, sont en partie mahométanes, et le minaret qui fusait au-dessus de l'Exposition de Bucarest dressait le symbole de l'orientalisme adhérent au pays.

Mais la turquerie n'est pas une originalité, et Bucarest serait une cité banale, si elle rappelait Constantinople. Il n'en est rien. Ce n'est qu'un soupçon, un nuage flottant, un arrière goût. La ville ne doit qu'à elle et à sa race sa pleine originalité. La couleur locale roumaine est des plus vives et des plus chaudes. Costumes, coutumes, mélodies, art, tout est bien particulier, original et charmant.

Qu'un Bucarestois obligeant vous propose de vous guider pour vous faire visiter sa ville : il ne vous montrera pas ces spectacles-là ; il fuira la mahala et les faubourgs où les paysans triturent sur le fourneau en plein air la compacte pâtée de maïs, la *mamaliga*. Suivez-le : il vous promènera à travers la ville moderne que je viens de vous montrer, féru de ses beaux monuments. Certes, ces édifices sont imposants, et le peuple qui a pu, après quarante ans, recouvrir son originelle simplicité d'un pareil faste de pierre, de piliers et de marbre, a donné un exemple unique de vigueur, de vitalité, de ressort et d'entrain. Mais combien ce luxe est peu pittoresque ! Le bel édifice officiel des temps modernes, vous le retrouvez le même partout, et cet Hôtel des Postes, je l'ai vu à Budapest, à Vienne, à Berlin, à Paris. C'est précisément cette similitude dont le Roumain est fier ; il s'enorgueillit d'avoir élevé sur les bords de la Dimbovitza des monuments qui appellent la comparaison avec les grandes capitales d'Occident.

C'est typique, ce prurit d'occidentalisme, ce besoin de rentrer dans le concert de l'ouest, qui fait faire bon marché de l'élément traditionnel.

L'économiste se réjouit de cet orgueil qui signale l'avènement d'une nation jeune, riche, active, pleine de promesses pour le combat futur des marchés industriels et commerciaux. L'artiste gémit de voir menacé le cachet précieux de l'originalité nationale. A la belle façade d'une banque, il préfère la silhouette découpée d'une petite vieille église orthodoxe à cinq coupoles, endormie au milieu d'un enclos où l'herbe pousse.

**
* *

Il y a un parti qui veut proscrire de son pays tout ce qui n'est pas indigène et traditionnel. Sa thèse se comprend. Mais elle ne triomphera pas, parce qu'elle oppose une faible barrière à un courant puissant, à une ambition formidable d'égaler les nations de premier rang, d'avoir leur outillage, leur armement, leur tenue, leur industrie, leur vitalité. La Roumanie a dit adieu au Levant, et elle ne se suffit plus à elle-même ; elle demande à l'Europe ses leçons et ses ressources ; son passé n'est que poétique et pittoresque ; elle rêve d'un avenir de force, de fer, de feu, de forge et de mines, et aussi d'élégance, de luxe, de goût et de « chic » à l'occidentale. Et voilà ce qui fait de Bucarest la ville la plus curieuse, comme un térem meublé par les meilleurs tapissiers de Paris, ou une Valaque qui s'habille rue de la Paix. La couleur locale s'efface, et la civilisation de nos pays s'étend comme une lèpre jusqu'aux usines de Ploesti et de Bucuresti. Le fantôme d'Orient s'évanouit dans les vapeurs des chaudières et du five o'clock tea.

*
* *

En 1906, j'ai vu la ville de Bucarest animée d'un éclat inusité. La Roumanie célébrait les quarante années de règne de Carol I par une Exposition qui fut comme un résumé d'histoire, un bilan national, un raccourci des progrès acquis.

Les visiteurs furent nombreux. Un Congrès pour la propriété littéraire et artistique y amena quelques Français. La vie, la joie et le soleil répandirent sur la cité de Bucur un rayon d or- gueil et de gloire.

L'Exposition générale roumaine était installée aux portes de la Ville, dans les Champs de Filaret.

Pour prendre l'aspect le plus complet du pano- rama général, il fallait gravir, tout au fond, les cent marches du Palais des Beaux-Arts, belle construction blanche à colonnades, flanquée de deux longues ailes, et qui fermait la perspective.

Vous voici sur la plate-forme. Toute l'Exposition se déroulait à vos pieds. Là-bas, c'était la grande porte d'entrée qui s'ouvrait par trois immenses baies cintrées, de style roman. Une immense et large avenue traversait l'Exposition dans toute la longueur, et c'était une série de pelouses, de parterres, de lacs, de bassins, de rocailles.

A droite et à gauche s'alignaient les Palais

aux pittoresques architectures. D'ordinaire, rien n'est banal et laid comme un Pavillon d'Exposition, ce type commun et convenu ; la bâtisse carrée, blanche, cube de plâtre affublé de moulages habituels, pâtisserie de ciment qui décore un caisson à denrées.

Ici, rien de semblable. Les architectes avaient eu l'heureuse idée de s'inspirer du style local et de ne pas occidentaliser leurs constructions. Les modèles avaient été pris dans le pays, copiés sur les vieux monastères des Carpathes et sur les forteresses des Balkans. Là, les palais sont massifs par le bas, avec des portes écrasées ; on sent que la défiance et le souci de la défense ont inspiré ces précautions, au temps où les Turcs multipliaient leurs incursions et leurs ravages. Mais, tout en haut, des terrasses aimables et avenantes compensent la sévérité massive de la base ; le long des terrasses s'allongent des séries d'arcatures légères soutenues par des piliers byzantins, courts et trapus. Ces rangées de voussures, ces cloîtres aériens, contribuaient à l'effet heureux de l'ensemble à la fois régulier, imposant et ajouré.

On avait rejeté sur les côtés les pavillons étrangers qui auraient étonné dans la continuité de ces jolies constructions byzantines : pavillon épais de l'Autriche, pavillon trapu de la Hongrie, pavillon Louis XV, très coquet, de la France.

D'autres édifices concouraient à l'harmonie de ce décor. C'étaient des reconstitutions ingénieuses de monuments anciens, une forteresse Moldave, la fameuse Cathédrale de Curtea de Argès, un Couvent fortifié de l'Olténie au XIVᵉ siècle.

Des grands palais en bordure à droite et à gauche de l'avenue centrale, trois ou quatre furent particulièrement remarquables : le Pavillon Royal, dans un décor artistique et somptueux, réunissait tous les souvenirs et documents relatifs à la famille royale, glorieuses reliques de l'héroïque campagne de 1877, où le Roi Carol I fit des prouesses autour de Plevna ; manuscrits et œuvres charitables de la Reine, œuvres d'art de la Princesse Marie. Le Palais des Industries locales était un enchantement, avec la richesse, peut-être trop touffue, de ses belles broderies roumaines, de ses costumes nationaux, de ses objets de bois travaillé ; le Pavillon de l'Agriculture fut digne de ce pays, dont la culture est la plus grande richesse ; véritable Temple de Cérès, avec ses hauts piliers tout habillés de gerbes et d'épis ; le Palais de la Régie était disposé avec art et goût ; dans la section des tabacs, on voyait travailler les Cigarières Roumaines, dont le costume n'a pas la couleur et le pittoresque de celui des Sévillanes, mais pour classique et officiel qu'il soit, elles sont avenantes, les petites cigarières habillées de bleu et coiffées d'un béret marin.

Depuis quelques années, la découverte des régions pétrolifères a apporté à la Roumanie des sources neuves de richesses, trop peu connues chez nous, et accaparée par les Allemands et les Américains. Dans des pavillons ingénieusement disposés, on pouvait se rendre compte des détails et du matériel de ces organisations coûteuses et insoupçonnées : pour découvrir sous le sol une poche ou un lac de pétrole, il faut procéder à des sondages préliminaires qui forent la terre jusqu'à trois ou quatre cents mètres, et dont un seul essai coûte environ 150.000 francs.

Il était deux pavillons qui présentaient un intérêt tout particulier : d'abord, le Pavillon de la France, qui obtint le plus grand succès, ensuite, la Coula, où, dans un décor de vieux monastère, dans la pénombre des petites salles voûtées, on avait disposé, avec infiniment de goût, les trésors antiques de l'art religieux local, prêtés par les Monastères, les Cathédrales, les Musées de Roumanie.

Ce qu'il faut imaginer, c'est l'animation pittoresque de ces avenues et de cet immense parc, où, à travers les groupes de vestons occidentaux, circulaient des paysans et des paysannes en costumes exquis, en coiffures attrayantes, robes de toile blanche, tabliers brodés, pailletés d'argent et d'or, ceintures pourpre, écharpes légères ; et c'étaient tous ceux qui venaient de l'Olténie, de la Moldavie, de la Dobroudja, de la Transylvanie, des confins Serbes et Bulgares. C'était chatoyant, coloré, aimable ; on marchait en plein opéra, en plein veglione.

Des attractions diverses ameutaient les foules ici et là : Les Petits-Chevaux, le Tobogan, le Waterchute, et la flottille de vraies Gondoles venues de Venise pour flotter sur l'un des grands bassins. Mais c'étaient là des banalités foraines. Il y eut mieux.

Dans un angle du Champ de Filaret, on avait édifié un immense amphithéâtre de pierre, à la romaine. Cet édifice considérable n'a pas été démoli, il demeure acquis à la ville. C'est un beau bâtiment. La scène est à l'antique, avec un haut mur de fond. Les gradins, en amphithéâtre, reposent sur la colline elle-même. Entre le premier rang et la scène, une gigantesque *Orchestra* offre une piste vaste où peuvent évoluer d'imposants cortèges.

Un seul spectacle y fut donné : la *Légende des Races*, par Davila. Il durait seize jours. Sous forme de ballets, de pantomimes, de défilés, de cavalcades, il racontait chaque soir un épisode, dans l'ordre chronologique, de l'Histoire Roumaine, depuis la Conquête des Daces par Trajan, — et ici se déroulait toute la frise de la colonne Trajane, — jusqu'à Michel-le-Brave et jusqu'aux héros de Plewna. C'était un excellent spectacle, intéressant, instructif. Je ne sais pourquoi nous ne faisons pas de même en France, où la matière est riche. Il n'est rien de tel pour élever les cœurs et les âmes, que de les replonger dans les gloires et les héroïsmes du passé. C'est un sain et vivifiant voisinage. Le défaut de notre époque actuelle est d'être trop attachée au présent et trop exclusivement orientée vers un avenir incertain. Il faut se retremper dans le souvenir de la vaillance des aïeux. Les Roumains l'ont compris, et ils donnent là une juste mesure de leur intelligence de la vie, et de leur valeur actuelle, qui promet et qui tient déjà.

Les soirées étaient charmantes. Le soir même de mon arrivée, je franchissais la Porte Monumentale de l'Exposition qui couvrait les champs de Filaret.

Je fus étonné et émerveillé. Je ne la croyais pas si importante, ni surtout si pittoresque. Le spectacle que j'eus sous les yeux était séduisant. Les arbres des avenues, les pelouses, étaient illuminés. Au fond, des lignes de feu dessinaient l'architecture du Palais des Beaux-Arts. Les rangées de pavillons blancs, de style byzantin, faisaient une perspective intéressante de colonnettes et de fenêtres cintrées. Des feux de bengale embrasaient par instants des coins obscurs, et il en surgissait des silhouettes pittoresques de castels et de basiliques à coupoles.

La foule encombrait les avenues. Sur un grand lac, des promeneurs se prélassaient dans la nuit tiède en gondoles vénitiennes. D'autres se précipitaient au Casino. D'autres buvaient de la bière en entendant la musique nocturne et bocagère des laoutars. Un rassemblement m'attira. Un millier de personnes entouraient un lac rond et noir, sur lequel je ne distinguai d'abord rien. Je pensai qu'on voyait peut être là des pêcheurs de corail, et que ceux-ci étaient au fond de l'eau. Au bout d'un quart d'heure, cette supposition devenait improbable. Soudain, des traînées de feu coururent sur la surface de l'eau, comme un feu grégeois. L'air s'embrasa, et le lac fut bientôt un immense bol de punch en flammes. C'était un lac de naphte : il brûlait ainsi tous les soirs, et c'était un merveilleux spectacle. Les flammes s'élevaient droites, avec des torsions de trombe ; des colonnes flambaient, enroulées de fumée ; du brasier se détachaient des banderolles ignées, comme des bannières ; de fins jets de naphte traversaient l'air et prenaient feu aussitôt. C'était

le plus beau spectacle de pyrotechnie, il était
digne d'un pays dont les terrains pétrolifères
sont en passe de faire la fortune.

On a opposé à cette Exposition le grief d'être
une foire. Ce ne fut pas juste. Le reproche à lui
faire eût été, au contraire, son caractère sérieux.
Il y avait peu de terrasses de café, et peu de musique. On s'y promenait toute la journée dans le
silence.

A part les petits chevaux, on ne rencontrait
pas de quoi se divertir. C'était grave comme une
salle d'étude. Il y avait quelques rares attractions,
un combat naval : rien n'a réussi. Je vois là un
trait de caractère et j'en tire une conclusion :
la Roumanie est en train de se régénérer par le
travail ; elle a une féconde renaissance. La jeune
Roumanie est studieuse, âpre au travail ; la
pensée fermente et se fortifie ; la frivolité n'est
plus de mise. L'avenir est plein de promesses.
La ruche s'éveille et bourdonne. Les esprits de-
viennent graves, audacieux, ambitieux. Cette
Exposition ne fut pas un divertissement. Elle
fut un inventaire des résultats déjà conquis ; elle
fut un examen de conscience national. Elle n'avait
que faire d'attractions frivoles. Elle fut un geste
d'orgueil et non de coquetterie.

Et j'entends encore chanter le verbe ardent de
la poétesse roumaine qui promenait à travers

ces splendeurs son âme sonore et fière, attentive aux fanfares orgueilleuses de cette épopée nationale :

« Des palais blancs, une tour rose, écrivait Hélène Vacaresco, un décor d'Asie, mol et vibrant, une petite cité invraisemblable et chatoyante, voilà l'Exposition roumaine telle qu'elle apparaît aux heures les plus enivrées du jour, dont elle porte avec éclat toute la parure.

« Elle est l'histoire d'un peuple bien plus encore que le récit de son progrès ; elle dévoile, aux pentes d'une colline souple, des demeures d'autrefois, l'élancement aérien d'un cloître aux détours mauresques et des pavillons légers comme la lumière.

« A un roi qui, depuis quarante années, prépare l'avenir, le pétrit de ses mains soigneuses, elle montre le passé qui étincelle, passé d'un peuple dont le tourment ne se devine guère parmi la floraison de son art frais et limpide. Ici, tout le beau songe de la race s'accomplit et se déploie aux cimes de sa sensibilité ; tout en refoulant le dominateur étranger, elle a gardé de lui ces choses enchanteresses, des balcons, des contours, des terrasses fragilement jolies, — elle les a faites siennes en y ajoutant une naïveté audacieuse et neuve. On goûte ici la saveur d'une nation qui se revit et se raconte pour prouver, avec la rapidité

de sa marche, la tendresse et la lucidité du regard
qu'elle jette en arrière, nation pareille à quelque
fleuve précipité entre des rives inquiètes, versé
là un jour par un César espagnol, le plus volontaire et le plus âprement passionné des Césars,
peuple de qui Ovide se lamentant sur les rochers
de Scythie fut le désolé annonciateur. Triste,
léger et imaginatif Ovide, tu t'asseyais tout le
jour à la pointe palpitante des promontoires.
Dans leurs barques d'écorce avec leurs ceintures
de cordes, leurs cheveux nus, les barbares levaient
contre tes plaintes des rames rugueuses que mor-
dait une onde moins amère et moins irritée que
tes pleurs. Et tu criais, en déchirant ton manteau
de tes mains : « Je veux Rome. C'est Rome que
je veux ! »

« Splendeur d'Orient, force moderne, force
juvénile et chaude, tourment d'égaler les meilleurs et de rejoindre ceux qui marchent le plus
vite, vous êtes dans l'Exposition de Bucarest
comme un vin neuf né de pampres antiques, vous
débordez la coupe et vous la faites frémir, tandis
qu'elle dresse sur l'air sa belle forme enguir-
landée. »

IV

Les Œuvres d'Assistance
par le Travail

Intervention de la Reine et de la Princesse. — Mme de Pompadour. — Fonctionnement d'une œuvre d'assistance privée. — Art et Salaire. — Collections d'échantillons anciens. — Une société protectrice des animaux. — Un souvenir aux oies du Capitole.

L'industrie domestique est toute aux mains des femmes. C'est le tissage par métiers à la main, la fabrication des broderies, les tapis. Le costume national est composé d'amples chemises en toile de lin, de chanvre ou de soie, serrées à la taille ; l'hiver, on met par dessus des paletots de peaux. Les paysannes tissent elles-mêmes ces costumes, avec les deux tabliers, l'un devant, l'autre derrière, et les couvrent de broderies aux couleurs voyantes, où le rouge éclate. Quand elles viennent en ville, elles éclairent la foule de leurs costumes violents. Elles sont pareilles aux reines homériques, elles ne cessent jamais de filer et d' « ourdir », et leurs ouvrages sont de véritables œuvres d'art. La reine, la princesse, douées toutes deux d'un goût délicat, encouragent beaucoup ce genre de travaux. La princesse Marie excelle dans toutes sortes d'ouvrages : elle dessine ses meubles d'après de vieux modèles byzantins, elle les orne, les cisèle, les ajoure, et leur donne, par le coloris et la patine, un caractère archaïque que soutiennent l'originalité et la netteté de la ligne.

Elle fait des meubles aux formes imprévues, des tables qui semblent mystiques, des étagères capricieusement anguleuses, dans une jolie tonalité argent et mauve. On vend partout un petit bijou, la croix de la princesse, dont elle a créé le dessin, en croisant deux longs clous de maréchal-ferrant, la pointe repliée ; c'est simple et exquis de dessin.

Sous le patronage de la reine et de la princesse, de nombreuses sociétés de dames se sont constituées pour encourager dans les campagnes le travail du tissage et de la broderie. L'une des plus récentes de ces sociétés est la *Tesatoarea*, fondée pour raviver l'essor de la sériciculture, dont une école a été fondée sous la direction de Mme Balaban. On a distribué gratuitement aux paysans des graines de vers à soie, et on assiste, depuis six ans, au réveil de cette ancienne industrie roumaine.

Jadis, les soies de Valachie étaient célèbres, et

Mme de Pompadour aimait à toucher de ses doigts bagués et fuselés le tissu des plis de sa robe qui en était faite. Puis la mode s'égara. La Reine l'a ramenée et reprise. Et de nouveau, la précieuse graine de vers à soie, balancée à l'allure lente des caravanes, est venue de Perse, dans les ballots de thé, de coffrets de santal, de bracelets et de bagues ouvrées, se répandre en une nuée diaprée sur les champs valaquo-moldaves. Et des soies merveilleuses ont de nouveau enchanté les yeux et caressé de leur bruissement les doigts des femmes.

Une poétesse s'écriait devant elles : « O regards de lune sur du corail rose, roses argentées, comme les premiers pas de l'aurore dans la mer, taches bleues qui pour un rien deviendraient vertes, mauves sur qui passe un souffle d'or ! »

La Reine a reçu un témoignage flatteur de la reconnaissance de son peuple. M. Vladesco, ministre de l'Instruction publique, a adressé au roi ce référé éloquent :

« Sire,

« Pendant ces quarante années consacrées à la prospérité du pays et de la race, S. M. la Reine a travaillé sans trêve à côté de Votre Majesté dans une même pensée et un même sentiment.

« Sous sa haute protection, sous son impulsion de tous les jours et sur ses sages conseils, on a créé les sociétés *Furnica, Albina, Munca,* et d'autres encore, en faisant ainsi connaître les broderies et les dentelles anciennes qu'éclaire un impérissable rayon du Passé.

« Et maintenant, par la création de la société Tesatoarea, S. M. la Reine, qui a dit : « La femme tisse l'avenir du pays », a jeté de nouveau dans notre terre la semence d'une des vieilles richesses de la Roumanie.

« Je viens donc, avec le plus profond respect, prier Votre Majesté de vouloir bien approuver que S. M. la Reine Elisabeth reçoive et porte la médaille *Rasplata Munca* de 1re classe, pour l'enseignement professionnel. »

*
* *

Tissage et broderie sont l'objet des soins d'une grande société de dames, la *Furnica,* la Fourmi, présidée par Mme Hélène Cornesco ; elle procure de l'ouvrage à un grand nombre de femmes dont elle vend les travaux. De même à l'*Albina.*

Une autre société s'appelle la *Munca,* le Labeur.

Les locaux, que j'ai visités, sont Strada Cometa. Elle fut fondée en 1885, à la prière de la Reine, par Mme la Générale Falcoiano. Actuellement, elle distribue pour plus de 100.000 francs par an en travaux et secours. A la Munca, une femme du peuple est assurée d'un salaire de un franc par jour, qui s'ajoute au gain du mari.

Le but unique est de procurer aux indigentes du travail manuel à domicile. Toute femme du peuple sur qui l'enquête, très sérieusement faite, donne des renseignements suffisamment honorables, reçoit de l'ouvrage chaque semaine. Aussi n'y a-t-il pas de mendiantes. On exécute toutes sortes de travaux de couture, depuis les draps des lits militaires et les chemises des soldats pour le Ministère de la Guerre, — qui accorde à ces œuvres le privilège de ces commandes — jusqu'aux plus artistiques broderies. Pour celles-ci, la dame de service prête à l'ouvrière l'album des modèles. La femme s'asseoit à terre, dans un coin, et en quelques heures copie le carré de dessin qu'elle aura à reproduire et à répéter.

Une autre dame note les sorties, les rentrées du matériel, délivre les bons à payer quand le travail exécuté a été reconnu satisfaisant, distribue le fil, les aiguilles, la toile, examine les tâches faites, et les marque à la craie bleue quand elles sont acceptées.

Le prix des travaux est fixé d'avance. L'œuvre revend ces travaux avec un bénéfice minime qui sert à alimenter la caisse des frais généraux. En moyenne, on peut estimer le chiffre d'affaires annuel d'une société de ce genre à cent mille francs pour seize cents ouvrières, payées environ un franc par jour. Par exemple, une chemise de soldat (la toile est fournie toute coupée à l'ouvrière) est vendue au ministère 30 centimes. Sur cette somme, il y a dix centimes de frais pour le fil, les aiguilles, etc. Restent 18 centimes pour le salaire de l'ouvrière, et deux centimes (ou bani) pour l'Œuvre.

Les femmes inscrites au registre des ouvrières ont d'autres avantages appréciés : des secours en espèces, les soins gratuits du médecin, les médicaments du pharmacien gratuits aussi, des cadeaux pour les mariages dans la famille. L'Œuvre se charge même du loyer pour les plus méritantes. Toutes reçoivent des cierges à Pâques et du bois de chauffage en hiver. L'assistance publique en ressent une aide puissante, tant de bien est fait par l'assistance privée, et excellemment fait.

L'habileté et la facilité d'adaptation de ces paysannes ou faubouriennes sont surprenantes. J'ai vu à la Munca des jeunes filles qui n'ont jamais fait de tapisserie travailler, et sans trop de gaucherie, à une grande tapisserie d'après un tableau représentant la bataille de Plevna, cadeau qui sera offert au Roi. Il est inconcevable que, sans autre apprentissage, les femmes soient aussitôt devenues capables de peindre à l'aiguille, comme disaient les anciens.

*
* *

Les salles de vente sont un musée d'art local.

Sur une armoire, j'aperçois des décors lilliputiens, une basilique de papier aux clochers nombreux, des maisonnettes artistement cartonnées : ce sont les vestiges du fond d'un panorama fameux devant lequel la Reine fit grouper, il y a quelques années, plusieurs centaines de poupées, vêtues des costumes nationaux, par les ouvrières de céans.

Dans les vitrines reposent des broderies éclatantes : c'est l'art du pays. Celles qui sortent des écoles de Mme Roth sont célèbres.

*
* *

La Roumanie est le pays des fées de l'aiguille. Dans les écoles, les ateliers, les ouvroirs, les salons des dames de la société, j'ai vu des merveilles d'art d'invention, d'exécution.

J'ai admiré de jolies fleurs artificielles, des broderies sur soie, des mannequins revêtus de tous les pittoresques costumes nationaux des divers districts ; un manteau en soie mauve d'une grande richesse et d'une jolie finesse, tissé par les élèves de l'école de sériciculture pour la princesse Marie, ainsi qu'une toilette en soie blanche offerte à la Reine. Les élèves des écoles professionnelles excellent dans de beaux travaux de couture, de broderie et de lingerie.

A cet égard, l'école de Craïova est remarquable, comme aussi l'Institut de filles Oteteshano, fondation de l'Académie roumaine, l'école des religieuses de Notre-Dame de Sion, l'école de céramique de Targu-Jiu.

Les dames roumaines créent du bout de leur aiguille ou de leur pinceau des œuvres délicates, et l'on admire chez elles ce qu'elles ont exécuté : une ravissante broderie de fleurs chimériques, or et soie ; des icones, des cuirs ciselés et peints.

Celle-ci a enluminé avec art un Evangile. Celle-là a empourpré de lys rouges un fauteuil archaïque. Voici un doamna Kiajna sur or, avec incrustations de pierres précieuses, une croix, un calice, un peigne orné de cygnes, des pendentifs, des miniatures, des enluminures, des pyrogravures, et c'est peu de chose au prix de tout ce qui peut donner une idée du développement magnifique, de l'épanouissement luxuriant des travaux d'art dans la haute société féminine de Bucarest, et parmi les grandes dames roumaines.

Elles ont parcouru les campagnes et les villages dans les provinces pittoresques qui bordent le Danube. Elles ont découpé les franges et les bouts brodés des serviettes, les épaules des corsages rustiques, elles ont rassemblé ces fragments avec des entre-deux de fil d'or, et elles ont ainsi, chez elles, dans leur salon, des nappes et des tentures de grande valeur et d'art exquis. Collés sur leurs albums, des morceaux brodés, empruntés aux tabliers de paysannes et aux étoffes d'église, constituent de merveilleuses collections de modèles.

Entre elles et les grandes dames des siècles valeureux, observe avec ingéniosité Mlle Vacaresco, quel constrate et pourtant quelle fraternité ! Les unes disent la ténacité de la race attachée à son prodigieux labeur, les autres, dans leur parure de faste, portent tout l'occidental souci de raffinement ; les unes par l'éblouissement sonore des couleurs, relient la Roumanie au sol qu'elle a chaudement défendu, les autres s'unissent au Moyen-Age et à la Renaissance d'Europe et prouvent que, sur la Cour des Voïvodes chevelus et des Phanariotes subtils, se glissait un rayon des civilisations en mouvement. « Femmes des siècles finis et femmes d'aujourd'hui, comme vous dressez tendrement au bout de vos bras fragiles ces visions divines ! Hier, aujourd'hui, demain. Femmes d'aujourd'hui, je loue vos doigts habiles aux dentelles, vos doigts prompts à courir parmi les soies, vos doigts qui font scintiller un monde de féerie. »

Elles font le plus généreux usage de leurs goûts artistiques, en les appliquant à la direction d'œuvres bienfaisantes où la Beauté seconde la Bonté.

Il n'y a pas moins de charme aux menus objets populaires sur lesquels les paysans ont gravé leurs méditations, le reflet de leur âme, de leurs préoccupations, le rayonnement de leur idéal, objets en jonc, en bois taillé, en poterie de Cocioc, soieries de Malini, tissus, laine ou chanvre, meubles byzantins, jouets en bois, objets modestes et jolis, dont l'art, l'intérêt, le caractère et le pittoresque assurent à la population roumaine un des premiers rangs parmi les peuples qui perpétuent la tradition esthétique du goût, de l'invention, le culte éternel de la Forme et de la Beauté.

*
* *

Ces œuvres charitables sont nombreuses. Et leur effet s'étend sur toute la nature, car voici les animaux.

Je fus prié par Mme Butculesco, de faire une conférence au profit de la Société protectrice des animaux. Nous convînmes que je parlerais de la Pitié. Ce fut une brillante séance, à laquelle S. A. la princesse Marie prêta l'éclat de sa présence ; après ma conférence, des dames du monde et des amateurs vinrent réciter des poésies et des pages de prose relatives à l'objet de la réunion : ce fut l'apothéose des bêtes.

J'eus une impression vive et particulière, qui me révéla un coin de la nature roumaine. A Paris, une matinée de ce genre eût été banale ; on eût fait suivre l'allocution initiale de l'éternel et banal programme des concerts à bénéfice « avec le gracieux concours des artistes des principaux théâtres de Paris, de l'Opéra et de la Comédie-Française ». Et l'on fût venu pour entendre Galipaux, Mme Bréval, Fugère, Polin, Fursy. Là-bas, c'est un tout autre attrait. On venait par intérêt pour les bêtes, par bonté, par sensibilité. La civilisation d'Occident a attendri des âmes naturellement enclines à la pitié. Les Roumaines ont le cœur tendre, et elles sont révoltées par la brutalité ignare des paysans et des charretiers.

La Société protectrice des animaux est toute récente à Bucarest. Elle a des filiales en province. Elle a fort à faire, et elle agit déjà efficacement.

Une des barbaries contre lesquelles elle proteste avec le plus d'énergie est une des plus étranges coutumes, en même temps qu'un anniversaire bien imprévu. A un certain jour de l'année, tous les chiens sont l'objet de persécutions niaises. On les traque, on les pince, on les pique, on leur attache des casseroles à la queue, on les fait hurler. Pourquoi ? pour les punir. Qu'ont-ils fait ? Eux, rien. Mais leurs ancêtres ont commis une faute qui retombe sur toute la descendance. Ces petits supplices commémorent la nuit où les chiens ont dormi et laissé aux oies le soin de sauver le Capitole.

Ce souvenir, essentiellement roumain, est bien un trait de race latine.

Mais ces cruautés blessent les âmes sensibles et la Société protectrice des animaux a organisé un système de répression sévère pour abolir ces us d'une autre ère.

V

Au Monastère de Cernica

———

*En sortant de Bucarest. — La campagne. — Le
Monastère. — Habitants et Paysage. — Un déjeu-
ner pittoresque. — Au cimetière. — Un héros de
Plevna. — Le Royaume fleuri du Silence. — L'art
Religieux.*

Des amis de Bucarest m'avaient dit :

— Demain, nous vous emmenons en auto-
mobile, déjeuner à deux heures d'ici, au monastère de Cernica.

L'invitation m'était agréable, car les vieux
monastères sont une des gloires et un des attraits
de la Roumanie. Ils sont généralement bien situés,
dans des paysages pittoresques à souhait, et ils
possèdent des basiliques qui sont des merveilles
de l'art byzantin (1).

(1) Nos monastères sont la plupart du temps des lieux
charmants de villégiature ; pour quiconque ne désire
point aller aux bains ou dans des stations climatériques
afin de se divertir uniquement dans des bals et d'intermi-

Nous partîmes pour Cernica par une belle matinée de septembre. Il avait plu la veille ; la campagne verte et propre était reposante et vivifiante. La ville s'arrête brusquement devant les champs. Il n'y a pas de banlieue. La route longe d'immenses prairies. De place en place, on croise une auberge ou une hutte. Devant la cabane, un auvent supporté par des pieux abrite une terrasse de terre battue, sur laquelle s'élève en plein air un fourneau de briques, près des chiens couchés. Les paysans, vêtus du pantalon

nables parties de plaisir, le séjour dans ces lieux saints est tout indiqué. Malheureusement ceux-là même qui se rendaient dans ces endroits pour jouir d'un repos plus complet, ne pouvaient assez souvent se résigner à une vie par trop calme, et, leurs instincts de citadin reprenant le dessus, ils se livraient aux réjouissances les plus tumultueuses dans ces séjours de calme et de prière.

Aussi le Saint Synode avait-il été obligé d'interdire le séjour des laïques dans ces lieux saints. Toutefois ces derniers temps, revenant sur cette mesure trop sévère, il a donné l'autorisation aux gens mariés et vraiment désireux d'un peu de tranquillité, d'y faire des séjours d'une certaine durée.

La plupart de ces monastères sont très anciens ; ils ont été fondés par les anciens « *domus* » et « *bocrs* » qui avaient l'habitude de commémorer de la sorte certaines dates de leur domination ou de leur existence. On cherchait toujours à placer ces monastères dans les lieux les plus pittoresques.

En temps de guerre, ces cloîtres servaient de refuge ; de là cette tendance marquée à les construire dans les régions les plus escarpées des montagnes. Il existe encore actuellement dans nos monts des Carpathes des ermitages tout à fait isolés et oubliés, auxquels on ne peut parvenir qu'après de longues journées de pénible ascension.

Aujourd'hui ces endroits sont délaissés ; à peine si deux

serré et de la veste bariolée de broderies, les femmes en tabliers pourpres nous regardaient passer, et saluaient. Ils ont l'air doux, timide. Les populations agricoles n'ont pas l'arrogance des ouvriers d'usines.

Au loin, sur la gauche, on apercevait le vieux monastère désaffecté de Vacaresci, converti en prison. Puis, la plaine était agrémentée de bouquets d'arbres. Des renflements marquent la place des forts de grande ceinture, posés là par la Triple-Alliance, pour arrêter les forces russes qui tenteraient de ce côté, un passage vers l'Europe. Nous longeons l'immense cimetière de Serban-Voda (Bello) qui renferme de belles

ou trois solitaires y habitent à l'état le plus primitif, pour ne pas dire sauvage.

En 1904, le nombre des monastères pour hommes entretenus par l'Etat était de 20 et celui des ermitages de 26 ; ces établissements étaient habités par 861 moines et frères.

En outre, à la même date, on comptait dans tout le pays 21 monastères et 23 ermitages pour femmes. Le nombre des nonnes et sœurs était de 2.220. On voit que les femmes ont toujours une tendance plus grande à se retirer du monde et à vivre dans l'isolement. Leur faiblesse native les pousse instinctivement aux jours de malheur sur cette sûre retraite.

En dehors du nombre de ces monastères entretenus sur les fonds de l'Etat, il existe encore 23 ermitages qui subsistent grâce à la générosité de particuliers.

Malgré la foi décroissante, nous pensons que ces lieux saints ne disparaîtront jamais, car plus que des locaux de prière, ils sont de pittoresques et réconfortants refuges contre les âpres vicissitudes de la vie !

(Indépendance Roumaine).

sépultures à chapelles souterraines : les couronnes sont accrochées et conservées dans de larges armoires vitrées. Plus loin, dans un nid de verdure, l'ancien monastère de Pantelimon est à présent un hôpital de convalescence. Puis la plaine reprend, morne, immense. Parfois, une cabane de paysans borde la route, avec sa vérandah ouverte ; aux piliers pendent des grappes de maïs et de piment rouge. Tout ce paysage est calme, désert. A peine, de temps à autre, croisons-nous un chariot ou un troupeau de buffles. Le pays semble abandonné et endormi.

Après des marécages, le terrain a des renflements boisés.

*
* *

Dans le silence de la route, détrempée par la pluie de la veille, nous approchons de Cernica. Un sentier de traverse nous y conduit entre de hautes haies. L'horizon est fermé par des bois touffus. Des coupoles brillent entre les arbres.

Ce monastère est un de ceux qui ont survécu à la sécularisation des biens conventuels. Il compte 40 moines.

Une lieue plus loin, derrière la forêt, un autre couvent, celui de Pasérea, abrite des nonnes noires qui cultivent des jardinets tout sonores des essaims d'abeilles. Elles tissent sur des métiers primitifs de grosse toile brune. Elles reçoivent des hôtes, comme les moines de Cernica, où nous revenons.

Nous voici devant l'église, qu'entoure une cour irrégulière en terre battue. Un jardinet fleuri précède une maisonnette : c'est un décor ravissant. Un vieillard paraît et nous sourit. C'est le Supérieur, l'Hégoumène, le *Staretz*. Il porte la longue robe noire, et est coiffé de ce tube noir, sans bord, qui distingue le clergé orthodoxe. Il est suivi d'un frère lai, horriblement laid, vêtu de même, mais en étoffe brune. Il est bancal, bossu, la figure difforme, comme si une roue avait écrasé la tête ; il sourit aimablement de sa bouche fendue de travers, dans une inclinaison inverse à celle de la ligne des yeux. Mes amis et le staretz échangent des compliments en roumain, me présentent ; mais comme le vieillard n'entend pas plus le français que je ne comprends le roumain, l'entretien est borné.

Tandis qu'on prépare le déjeuner, nous traversons la cour pour visiter les bâtiments voisins. Des maisonnettes alignées, précédées de jardinets, sont les cellules des quarante pères : car ils sont ici quarante, comme à l'Académie. Des piliers à beaux chapiteaux byzantins supportent le toit d'une terrasse qui précède la cuisine, où l'on fait le feu sur le sol, entre quatre pierres, au-dessous d'une coupole en pointe ouverte par le haut, comme à Cintra et à Fontevrault. Une grue de bois tourne autour d'une charnière fixée au mur, et sert à éloigner du brasier l'énorme marmite conventuelle. De sombres couloirs, des coins obscurs, donnent à ce bâtiment un aspect de cachot mystérieux.

En face, l'église profile sa masse qui semble faite de tours soudées par le milieu. Le portail est précédé d'un portique à colonnes. Le mur de l'église et les deux murs de côté sont entièrement couverts de vieilles peintures ; ce sont des saints et le Jugement dernier, avec une gueule de dragon figurant l'Enfer, comme dans les décors de nos mystères moyenâgeux. La Jérusalem céleste brille dans l'or et l'azur parmi des sources et des bosquets fleuris. Parmi les saints, il en est un que j'ai souvent revu : il est reconnaissable à sa longue barbe qui tombe jusqu'à terre ; il est debout, et il marche dessus. A Slanic, le pays des salines, il y a aussi un narthex intéressant auquel celui-ci fait songer.

L'église est petite, comme la plupart de ces *biserica*, dont le plan intérieur est une croix latine aux extrémités arrondies en demi coupoles. Le dôme central jette un jour discret par ses petites lucarnes sur les peintures et les ors du temple. Les fresques couvrent entièrement les murs et les colonnes d'une jolie teinte vert sombre. On dirait que tout l'intérieur est tapissé d'un tissu brodé. Il fait obscur ; les figures usées par le temps, se devinent mystérieusement dans la théorie des personnages à fresque. Des candélabres, des lustres d'argent, des lutrins, des bassins d'eau lustrale, des icones dorées, des images en broderie, les dorures de l'iconostase, le vide de cette nef étroite donnent à l'ensemble un air de recueillement, de résignation triste et de crainte, dans la lumière douteuse et maligne, que troue d'un point d'or la veilleuse de la lampe rituelle. Des livres de prière, aux reliures patinées, aux miniatures blémies, aux rudes fermoirs de fer, sont de vrais objets de musée.

Une grande tristesse tombe de ces voûtes accouplées, et est aggravée encore, aux heures d'office, par les sonorités lentes, graves, désolantes des chants grégoriens. Il n'y a là, à la différence de nos cérémonies catholiques, ni éclat, ni liesse, ni joie : c'est la religion des résignés.

*
* *

Au delà d'une prairie où paissent en paix les buffles, nous rejoignons le jardinet fleuri du presbytère. Des essaims d'abeilles bourdonnent autour d'une rangée de ruches, qui sont, comme dans les Géorgiques de Virgile, des troncs d'arbres creusés et alignés, pareils à des canons en bois.

Le déjeuner est servi dans une petite vérandah vitrée, derrière le presbytère. Le staretz nous attend, assis sur le banc de bois, sous le portique d'entrée. Derrière un massif de glycines et de « fleurs d'amour », le frère prépare le repas sur le fourneau en plein air. Des brocs de bois sculpté et peint, aux formes paresseuses, s'alignent sur une planche ; des seaux évasés à couvercle traînent à terre ; une odeur flotte, de graisse, de graillon, de bois mal allumé. Nicéphore, — c'est le nom du novice — tourne avec un gros bâton, dans une écuelle, une épaisse pâtée de maïs, la *mamaliga*.

Nous traversons la maisonnette pour nous rendre à la salle à manger. A droite, c'est le salon du staretz, petit, meublé comme une chambre d'hôtel du Faubourg Montmartre, avec beaucoup de coussins et de guipures, œuvres et cadeaux des religieuses du couvent voisin, de Paserea. En face, c'est la chambre à coucher, exiguë, mais suffisamment confortable ; un lit, une commode, une chaise occupent toute la place. Beaucoup de vues et images de l'Exposition Universelle de 1900. Cette année-là, le staretz est venu à Paris. Sur le guéridon de son salon s'empilent des albums de vues, souvenirs de son voyage. Plus loin, une petite porte donne sur sa chapelle particulière, une pièce peu profonde, ornée de peintures, et coupée en deux par la cloison qui ferme l'iconostase. La décoration est naïve et grossière, mais le coin est curieux et touchant.

Le corridor qui coupe la maisonnette dans le sens de la profondeur aboutit à la minuscule vérandah, que notre table de six couverts emplit complètement. Dans le couloir, une desserte à nappe blanche est chargée de fruits et de pains ; on dirait un autel païen. Le déjeuner fut copieux et n'eut rien de frugal ni d'ascétique. J'ai déjeuné dans les monastères du mont Athos. Cernica est un Eden auprès d'eux. Au mont Athos, le plat de résistance est une détrempe de choux dans l'huile, et le vin noir qui sort des outre en peau de chèvre sent le goudron et l'encens. Ici, le petit vin blanc du pays sourit dans les gobelets clairs, et la soupe de *borsch* à l'eau de son fermentée, le sterlet à l'ail, le rôti, la mamaliga, le fromage de buffle font un vrai festin. Nicéphore nous servait en souriant, la tête déjetée vers le côté gauche par une sorte de goître. Il regardait sans envie les mets qu'il nous apportait, en homme détaché des biens de ce monde, et il répondait avec affabilité à nos questions sur son état. Rien ne manqua au menu : café, cigares, zuitca ou eau-de-vie de prunes. Nous sommes loin du mont Athos.

Mais quittons la table. Nous sommes ici pour

regarder et vivre un instant la vie monastique : nous l'avons trop oublié. Sous le beau soleil, nous dévalons par le grand parc tout planté de hautes vignes en espalier, de légumes, d'arbres fruitiers et de buissons fleuris. Chaque fleur a son utilité et son sens : les unes font une tisane souveraine dans les cas graves, les autres, un peu mâchonnées, font disparaître le goût de l'ail ; d'autres guérissent les blessures ou les maux d'estomac.

Les abeilles s'ébattent autour des rustiques rûchers. Une pelouse descend en pente douce vers un grand lac bordé d'ajoncs. Un tronc d'arbre creusé à la hache fait une barque et nous sert à traverser l'eau, toute palpitante de poissons. De grands bois font un rideau de verdure à l'horizon rapproché. Plus près, des maisonnettes alignées sont les demeures des cénobites, qu'on aperçoit, penchés sur les fleurs de leurs jardinets. Ils semblent très vieux et leur longue barbe blanche les rend vénérables.

Une route conduit à une annexe du monastère, aussi importante que la maison-mère. Au-delà du lac qui sépare les deux colonies, on rencontre d'abord le cimetière, où les familles nobles de Bucarest ont leurs tombes.

Devant la grille, un monument tout neuf est élevé à la mémoire d'un héros dont l'histoire est curieuse. Il se battit à Plevna, en 1877, avec un courage de lion : sa bravoure fut si remarquée, qu'il fut décoré de la médaille militaire sur le champ de bataille.

Peu après, il disparut, et personne n'eut plus de ses nouvelles. On ne pensait plus à lui, quand furent célébrées, en 1902, les fêtes du vingt-cinquième anniversaire de Plevna. Les vétérans survivants défilèrent devant le roi Carol, leur ancien compagnon.

Alors, on vit s'avancer un vieillard habillé en moine, et portant sur sa robe la croix militaire de Plevna : c'était le sergent disparu. On applaudit à ce revenant, et le roi ému serra la main de ce camarade d'armes qui avait vu le feu à ses côtés. Le vieux fut si saisi et si ému, qu'il tomba raide mort. Il dort à Cernica sous un riche mausolée ; un buste en bronze perpétuera les traits de son mâle visage.

Quand on a dépassé le cimetière, on arrive à l'hôtellerie. Là, comme au mont Athos, l'hospitalité gratuite est offerte à quiconque se présente, sans qu'il lui soit demandé aucun renseignement. L'exercice de ce vieux droit d'asile doit souvent gêner la police. Il y vient beaucoup de pélerins : ils jouissent du plus agréable repos. Certains ont fait la route à pied, de fort loin. Ils se chauffent au soleil, couchés sur la terre ou sur les bancs du portique qui précède le refuge.

En face, une vieille église du xvie siècle étale ses murs rebondis en forme de demi-tours et surmontés de coupoles. L'intérieur est sombre, tapissé de fresques d'un vert foncé qui absorbe toute clarté. Les lampes et les candélabres mettent l'éclair de leurs reflets métalliques dans la pénombre. La cloison de l'iconostase est recouverte d'images en argent. Les voûtes se creusent dans l'obscure atmosphère du faîte, en larges alvéoles. Les piliers sont décorés de fresques naïves. Des siècles de piété et de prière ont sanctifié cet asile silencieux.

Le clocher est séparé de l'église et forme un bâtiment à part. Devant le narthex, une longue planche de bois durci pend à des chaînes, sous les arbres. Quand on la frappe avec le marteau posé tout auprès, elle résonne comme une cloche.

C'est un tableau charmant. Des jardins fleurissent tout autour. Des moines, des pélerins sont assis sur des pierres et rêvassent, sans parler. Il tombe, d'en haut, du recueillement, de l'apaisement. Le silence vous enlace, vous engourdit, le reste du monde s'éloigne, recule ; on subit, dans ce calme discret, comme une torpeur cérébrale qui fait oublier ; c'est divin. Les vieux moines noirs de Saint Basile regardent passer les oiseaux ; ce sont des consciences simples, vides, sans complexité ni calculs. Ils n'ont qu'un effort à faire, de loin en loin, pour élire le Supérieur ; puis tout retombe dans la paix. Le cimetière, avec le bourdonnement de ses insectes et le chant des oiseaux dans les fleurs touffues, est plus animé, plus riant, que le quartier somnolent des cellules des vivants.

Je m'éloigne à regret de ce séjour tranquille, où l'on doit être heureux, et j'emporte la vision de ce décor charmant : les bois touffus enserrent la vaste clairière où les deux basiliques byzantines se reflètent dans le grand lac verdoyant ; de temps en temps, un moine ou un paysan pousse une brouette ou un buffle sur le pont de bois qui raye ce tableau de roseaux et d'ajoncs ; les papillons volètent sur les fleurs des jardinets devant les maisonnettes aux portes basses et cintrées ; l'une d'elles est plus importante : c'est la demeure de gala pour les étrangers de marque. Sur le lac, flotte la petite barque de sauvages ; les plantes du vaste potager se dressent avec vigueur et s'épanouissent dans le soleil ; les hautes herbes se mirent dans l'eau immobile ; la crémaillère d'un barrage barre d'un trait noir le fond vert. Tout est silence et paix. Ils sont quarante religieux pour occuper cet immense domaine ; ils coulent des jours égaux, dans la foi simple et l'attente de la mort.

Quand nous quittâmes le monastère, en passant sous la haute porte que surmonte une tour crénelée, au fond de l'allée verte bordée de noisetiers et d'aubépines, il me semblait que j'avais traversé en rêve, dans un jour crépusculaire, le royaume des ombres heureuses. Déjà, à l'horizon, se profilèrent les silhouettes découpées des coupoles et flèches de Bucarest. En rentrant dans la cité de joie et de travail, ma pensée aimait à s'attarder par le souvenir parmi les sages de Cernica, où les abeilles s'enivrent de soleil, de parfum, de quiétude et de silence.

*
* *

L'art religieux, en Roumanie, est peu connu, et on y perd, car il est admirable. Il présente un mélange intéressant d'art byzantin, oriental, vénitien. Un des historiens de l'art religieux en Moldavie et en Valachie, Jules Brun, a écrit :

« La Roumanie possède la plus belle collection d'art byzantin religieux qui soit au monde. Pétersbourg, Moscou, Kiew sont distancés. »

C'est à peine exagéré .Mais il fallait jusqu'ici, pour admirer et approcher les pièces de ce vaste trésor, parcourir les monastères, situés loin les uns des autres, souvent mal accessibles. Le Musée de Bucarest avait bien des pièces rares, mais en nombre restreint. C'est là pourtant qu'on pouvait contempler les fresques authentiques de Curtea de Argesh, qui ont été détachées, déposées au Musée, et recopiées à leur ancienne place sous la direction de M. Lecomte de Nouy.

L'Exposition daco-roumaine a été l'occasion de fonder un Musée d'art religieux.

C'est au fond du parc de Filaret, sur une éminence, près du Palais des Arts. Sur le tertre, s'élèvent trois croix de grande taille. La plus haute a cinq mètres ; elle se dresse et étend ses deux bras courts ; elle date de 1582, et a été apportée de Monteor-Sarat. Les deux autres sont penchées et proviennent de Tericine et de Campina. Sous le bouquet de grands arbres qui les abritent, elles sont impressionnantes par leur forme, leur dimension, leur pierre velue de mousse ; leur ombre fait du recueillement, et l'on dirait un coin de cimetière reconstitué.

Au sommet du tertre s'élève la Koula, copiée sur le type des anciennes maisons des Balkans, forteresses plutôt qu'habitations, demeures hostiles et défiantes, abritées par quatre murs massifs, bien d'équerre, sans fenêtres ni portes. Derrière, on devine l'ombre, la terreur de l'attente, les préparatifs de défense. C'est une tanière, un

fort, une casemate. On entre par un trou rond,
qui appuie sur le sol l'arcature épaisse de sa voûte
basse et cintrée ; des panneaux de chêne bardés
de fer ferment l'ouverture en cas de danger, et
rendent à la muraille sa continuité solide. C'est
un cube de maçonnerie, un dé de pierre, un bloc
impénétrable. Tout un passé revit là, un passé
de peur et d'attente ; c'est le type de la demeure
bâtie en prévision du passage fréquent des Turcs.
Il faut que le flot se bute à cette borne de granit,
et s'y divise pour passer auprès, sans que le fer
ni le feu aient raison de cet obstacle. De même
qu'on dresse des môles de meulières pour briser
et scinder le cours violent d'un fleuve débordé,
de même la Koula faisait masse et coupait le flot
des hordes. La sécurité coûtait la lumière, l'air
et le soleil.

Faites-vous une idée de la vie d'autrefois,
inquiète, menacée, périlleuse.

Savez-vous ce que c'est qu'un peuple qui enfin
respire ; qui est débarrassé, se reprend, sort d'un
cauchemar, d'un enfer, se voit rendu à la vie,
à la gaieté, à la sécurité, à l'espoir, qui échappe
à l'étreinte et renaît à la liberté ? Le peuple roumain est cela.

Cependant, des femmes vivaient là, impatientes
des ténèbres, avides du ciel et des larges perspectives, des soirées étoilées, et de la brise odorante

qui a caressé les forêts. Pour elles, la Koula s'ouvre à son faîte en une vaste terrasse, large comme toute la maison ; c'est le *pridvor*. Le toit est au-dessus, soutenu par une rangée quadrangulaire de piliers trapus, courts, ramassés, sculptés, que relient de petites arcades en plein cintre. Et d'en bas, le toit paraît soulevé par une frise de dentelle. L'escalier intérieur aboutit à cette terrasse, au centre de laquelle est une petite chambre fermée. La toiture déborde et s'avance, et forme abri contre la pluie ou la chaleur. Des bancs en maçonnerie sont recouverts de coussins. Des fleurs tombantes ornent la balustrade du pourtour. Le pridvor, c'est la part de gaieté, de lumière, de jeunesse, dans cette demeure d'ombre. Là, jouaient des enfants, là rêvaient les femmes, là se reposait la famille par les tièdes nuits d'été.

Telle est une Koula. Celle-ci est pittoresque et attrayante par son architecture exacte, qui reproduit une de ces maisons copiée dans l'Olténie.

*
* *

Les salles, les escaliers sont ornés de broderies, de tableaux, de métaux ciselés, d'images de saints et de moines, dont les yeux fixes et indulgents regardent le défilé de la foule.

Au fond d'un réduit, on a meublé avec un soin

minutieux une pièce d'habitation, et sur les coussins on a assis deux mannequins richement habillés, qui représentent la dame et le seigneur de céans. Ici, les expressions poupines et impassibles des visages de cire sont une vérité de plus. Les hôtes songent, attendent, semblent sonder l'avenir et espérer les temps qui viendront. Lui, est amplement vêtu de pourpre ; elle est drapée de soie verte où cheminent des filets d'or verdâtre. Des coussins, des tables massives, des plateaux et des buires de cuivre, des lampes ajourées, de coffres de fer meublent ce coin d'Orient que regarde de loin la *Porta Orientalis* des Karpathes.

Des tapisseries, des toiles peintes par des Fra Angelico de Valachie, embellissent les parois.

Sur le tableau d'église de Slatina (Moldavie), Alexandre Laspuncanu et les siens, — ils sont douze — en robes raides d'or, et en hautes couronnes, dans des attitudes hiératiques, les mains toutes tendues de même, vont en procession vers le Christ, auquel le Voda offre une réduction du monastère de Slatina.

Des moines byzantins font songer aux fresques de Ravenne. Ils semblent avoir gardé dans leurs yeux profonds de magnifiques visions des splendeurs de Justinien.

Une porte sculptée s'ouvre entre des draperies anciennes sur une toute petite chapelle, ruisse-

lante d'or, zébrée par les éclairs qui rayonnent
sous les veilleuses des vases et des lampadaires
d'argent. Sur les icones, les têtes extatiques sont
enserrées dans des métaux rutilants de pierreries ;
il semble qu'on perçoive des effluves de myrrhe
dans la pénombre somptueuse.

Des tissus d'Orient merveilleux, tapissent l'é-
troite cage d'escalier. Dans la salle qui s'ouvre
devant, la peinture des murs avec ses arabesques
de feuillages reproduit le paraclise de la Métropole. Une vitrine abrite des livres rares, l'Evangéliaire de saint Nicodème, moine de Tismana, qui
fut un habile calligraphe du xve siècle, la Bible
de Mathieu Bassarat, l'Evangéliaire du monastère
de Horet, et d'autres livres sacrés aux couvertures gemmées, niellées, hirsutes de pierres précieuses ; puis des croix de perles fines, le lutrin
de Probatra aux délicates découpures.

Une table vitrée contient des ouvrages de la
reine consacrés à l'art religieux et inspirés par la
tradition, entre autres un évangéliaire peint
pour feue la princesse douairière de Wied, et le
cadeau que fit la reine à la princesse Marie de
Roumanie à l'occasion de son mariage : un petit
livre de piété peint et calligraphié sur des pages
encadrées par de fines plaques d'or, avec une
reliure ornée d'émaux, d'or et de diamants.

La porte sculptée du monastère de Snagro

est fort belle. La tiare du métropolitain Cosma est une des plus riches pièces d'orfèvrerie byzantine. L'épitaphion de Cozia qui fut offert à ce monastère par Mircea-le-Grand, en 1387, offre une belle composition de sept personnages brodés en or sur fond bleu. Et des tiares, en boules, tiares fermées en or massif crevé de pierres et d'émaux, sur lesquelles volent des anges ; et des cratères, des égalpions, des étoles brodées de perles, des encensoirs, icones, croix processionnelles, des lustres, des bois sculptés, mettent dans l'âme, la rêverie évocatrice du lointain et du passé, dans les yeux, l'émerveillement des richesses orientales et des trésors des contes de fées. Oh ! ces grosses tiares rondes, boules d'or et de brillants, sphères précieuses, qui font penser à des floraisons fantastiques, à des végétations impossibles de féerie, et qui inspiraient à la poétesse cette image en couleurs :

« Des lampes d'argent treillissé, des veilleuses fines et vermeilles, tout le trésor des vieux métropolites resplendissants, ornent plafonds et murs : et l'on se croirait dans un verger d'extrême splendeur inouïe et dont les fruits luisants et mûrs seraient ces tiares bulbeuses, ces calices arrosés de diamants ».

Dans les salles petites et obscures, des lumières mettent des points d'or et des étoiles, et la maligne lueur effleure et caresse cette joaillerie dix fois séculaire, ces orfèvreries aux reflets bleuâtres, semblables à des aurores en mer. Voici dans une vitrine des poteries anciennes, et un épitaphion, draperie qu'on porte à la procession nocturne du vendredi saint en commémoration de l'ensevelissement de N.-S. Jésus-Christ. Un dessus de châsse est en velours de Gênes bleu paon à ramages or et feu ; Neagoc Bassarab l'offrit au monastère de Bistritza. Une autre pièce de même genre est de brocatelle ciselée, rouge-groseille, ton sur ton, avec broché d'or sur les parties lisses. A côté : des trônes, des stalles, des lutrins, les portes de Stavropoléos, des chandeliers, des icones.

La beauté de toutes ces richesses se complète dans l'esprit par l'évocation des monastères où elles ont dormi durant des siècles, avant de quitter leurs sanctuaires sécularisés pour meubler un Musée. L'imagination et le souvenir les replacent dans leur cadre, et la silhouette apparaît du vieux couvent abrité au creux de la montagne vêtue de sapins. Le clocher carré domine les coupoles ; les moines de Saint-Basile traversent les coridors et les cours, les mains rentrées dans les larges manches ; tout autour fleurit le jardin, fertile en légumes et en fleurs ; les abeilles bourdonnent dans les ruches en bois ; les roses, les

églantines, les œillets, les dalhias, les boutons
d'or étalent sur la terre un tapis diapré, de broderie, de teintes vives, de nuances délicates, de
pourpre, de sang, d'or fauve, d'argent bleuâtre,
— comme un modèle étalé par le Créateur devant
l'imitation étincelante, mais affaiblie, des joailliers
et des orfèvres des monastères.

VI

Paysans du Danube

—

Paysans et paysannes. — Costumes colorés. — La colonne Trajane. — Le costume des femmes. — Grandes dames et paysannes. — La Roumanie qu'on ne voit pas. — La question agraire. — La Jacquerie de 1907. — En wagon. — Les Turcs ont passé par là. — Chaumines et Habitations à bon marché.

Le peuple est intéressant avec ses costumes bariolés, les tabliers colorés des femmes, ses coutumes.

Les campagnes ont, plus que les villes, leur caractère spécial.

Les paysans des montagnes vivent groupés en *catun* et en *sat*, ou hameaux et villages. La maison est petite, l'étable est sur le côté, le grenier est élevé au-dessus du sol par quatre pieux d'angle. Une palissade forme et ferme la cour. Derrière, le champ de maïs assure la *mamaliga* quotidienne à la nichée.

Les paysages les plus pittoresques sont ceux du bas Danube, où des hameaux sont disséminés au bord des marais et du fleuve. Les habitations n'ont aucune prétention à la durée. Ce sont des abris pour les pêcheurs. La crue les enlève.

Toute la Balta offre ce type curieux de misérables huttes : on se croirait sur le Niger. Les rivages des lacs, des étangs, des marais, du Pruth, des bras divisés à travers le delta du Danube sont ainsi hérissés de cabanes d'un effet intéressant. Ce sont déjà les huttes de la mer Noire et du Bosphore.

La population rurale roumaine forme un ensemble attrayant, un tableau coloré, une vision d'art et d'exotisme. C'est à la fois oriental et italien ; des touches de couleur persane ou turque égaient les notes plus sévères des antécédents russes ou bulgares ; on a l'impression d'un Orient sérieux, assombri ; les femmes Bulgares ont plus de clinquant, de verroterie ; les Turques sont plus enveloppées et plus mystérieuses ; les Levantins sont plus plastiques ; les Grecs sont moins pittoresques ; ici, semblent se confondre et se compléter les éléments superposés et amalgamés durant des siècles par les alluvions des invasions, avec un fonds permanent et résistant qui laisse au décor roumain une réminiscence nette de la campagne romaine ; les Daces et les légionnaires de Trajan ont créé cette race forte, ces soldats robustes, ces Latins zébrés de slavisme ; un défilé de paysans du Danube, c'est comme le déroulement de la frise de la colonne Trajane.

J'aurais aimé vivre un peu parmi les ruraux, les approcher, les connaître. C'est difficile à un étranger. Devant lui, ils entrent en défiance. Il faudrait aussi connaître admirablement la langue. Toute la société des villes parlant fort bien le français, on n'a jamais occasion ni besoin de savoir le roumain. On prétend qu'il y a des Roumains qui ne connaissent pas la langue roumaine. Je crois que ceux qui le disent sont des Marseillais de la Dimbovitza.

J'ai vu des paysans. A Sinaïa, chez le Roi, dans le parc et la forêt, ils étaient un jour deux mille. Ils étaient invités. Le Roi et la Reine circulaient au milieu d'eux, leur souriaient, causaient avec eux. Et ces hommes au teint bruni, étaient doux et sensibles comme des enfants, attendris par la royale simplicité de leurs hôtes. Ils chantaient des *doinés* ; ils dansaient la *hora*. Ils étaient heureux et bons.

Et ils étaient beaux. Ils sont encore habillés comme les Daces du monument de Trajan. Le bonnet est une toque de laine haute et pointue. La chaussure, *opinca*, est une feuille de cuir repliée et cousue. Le pantalon *itzari*, est de feutre blanc, collant, soutaché de noir en haut, le bas relevé en un revers rouge galonné de noir. La ceinture est rouge et sert de poches, comme la zona antique. Elle est tissée, lamée et frangée d'or, avec de petites grappes de perles blanches parsemées. La veste est sans manches, doublée de fourrure de mouton, brodée de fleurs en noir, bleu, vert, rouge, avec une poche latérale. Par dessus, un ample manteau de drap blanc à pélerine et' larges manches ouvertes, est soutaché de fleurs et rosaces en noir.

*
**

Le costume féminin a plus de charme encore. Quelle aimable chose qu'une femme roumaine en costume de paysanne ! Les Roumaines sont jolies, petites, nerveuses, bien faites, avec des cheveux noirs comme des ailes de corbeaux, et des yeux noirs, rieurs et profonds. Elles sont vêtues d'une longue chemise, dont les épaules et les manches sont brodées de rouge et de mauve. Les manches, trop longues, sont serrées aux poignets et retombent bouffantes. Deux tabliers sont attachés à la ceinture, des tabliers brodés d'une grande richesse et d'un éclat coloré, où les ors, le cobalt, la prourpre se marient en dessins fort anciens et mettent dans l'ensemble des reflets charmants de féerie orientale. La chevelure est nattée, enveloppée de rêve par le nuage pailleté d'un tulle ou les broderies d'un châle. Elles vont ainsi, lamées d'or. « Les vêtements qui les parent, dit Hélène Vacaresco, ceintures purpurines et bleues, plis de laine richement illuminés, chemises pâles où volent et cheminent mille dessins originaux, tout cela, leur rêve et leurs mains l'ont tissé ; pareilles aux reines homériques, nos villageoises ne cessent jamais de filer et d'ourdir. » La Roumaine tisse elle-même la toile dont sera vêtue toute la maisonnée, et la Reine a dit de ses infatigables tisseuses :

— La femme roumaine tisse l'avenir du pays.

*
* *

J'ai vu des paysans encore à Slanic, coquet village au creux de la montagne où sourdent des sources minérales. Ils sont doux, affables, et s'ils vous font payer fort cher ce qu'ils vous vendent, c'est qu'ils prennent tous les étrangers pour des Américains venus en vue d'acheter des terrains pétrolifères.

Je les ai visités dans leurs mines de sel, sous la voûte immense aux cristaux étincelants, noyée dans la lumière mauve des phares électriques.

Les ouvriers, vêtus de blanc, ceinturés de rouge, ressemblent à des esclaves romains. Je les ai trouvés gais, avenants, prévenants, non pas attristés ni mécontents de leur sort. Et j'ai gardé encore un peu d'émotion du geste simple, déférent et sympathique d'un de ces ouvriers m'offrant un beau bloc de cristal de sel, et refusant le « drinkgeld ».

J'ai vu des paysans de Munténie, dans l'Argès, dans le Muscel, dans le district de Prahova, et ceux de l'Olténie dans le Dolj et le Mehedintzi, et les Moldaves de Jassi. Leur douceur résignée n'inspirait que confiance et sécurité.

Ajoutez que la femme roumaine est sensible et bonne. Elle fait beaucoup de bien aux paysans. Mais ceux-là seuls qui sont à proximité des villes ressentent les bienfaits de ces bonnes œuvres, Munca, Furnica, qui assurent à la paysanne le travail, le pain, le bois en hiver, le médecin et le cierge pascal. L'assistance privée est organisée avec méthode, dévouement, efficacité. Il n'y a pas de pauvres dans le district de Bucarest. Le rayonnement des centres hospitaliers ne couvre pas encore tout le pays. Mais j'ai été frappé par l'apitoiement des classes riches à l'égard des indigents. Vus de Bucarest, les paysans semblent heureux.

Il faut croire que c'est une vue trop courte, qui ne découvre pas les drames et les misères des régions lointaines de Dorohoi, ou de Rasboieni ou de Teleorman.

« La vie sociale, assure l'historien roumain, A.-C. Sturdza, est réduite au village à sa plus simple expression. Le soir, les femmes se rassemblent en filant autour de grands feux, et les histoires, contes, légendes (*poveste*), les chansons et poèmes populaires (*doine*) égaient la compagnie ».

Leur vie est pauvre, pénible et triste. Ils ont tous des dettes, ils vivent dans la ruine et la maladie. Au Congrès des Médecins de 1906, le Dr Marinesco a fait des communications terrifiantes sur les progrès de la pellagre en Roumanie. En 10 ans, elle a quintuplé, tandis qu'elle a à peu près disparu en Italie.

* * *

Un Roumain me disait à ce moment :

— Voyez-vous, il y a deux Roumanies, celle qu'on vous montre, et celle qu'on ne vous montre pas, celle qui souffre et se meurt, celle des paysans. L'une de surface et de mimétisme, l'autre de souffrance et de mal. L'une est pétrie à l'imitation de l'étranger, et dans celle-là, les rares manifestations nationales nous reviennent de l'Occident comme par un choc au retour. C'est la Roumanie de façade, la Roumanie de réclame, la seule que l'on fasse voir aux visiteurs éphémères, qui partent enchantés d'avoir retrouvé Paris, Rome, Bruxelles, tout ce qu'on voudra, excepté Bucarest, aux portes de l'Orient. Il faut constater en effet, que les Roumains semblent mettre tout leur amour-propre auprès de leurs hôtes à être pris pour autre chose qu'eux-mêmes. Rien ne les flatte plus que lorsqu'un étranger leur dit : « Mais on se croirait ici sur les Grands Boulevards ».

« Il y a une autre Roumanie, celle qu'on ne montre pas, et pour cause. L'étranger n'y est plus l'hôte, mais le maître. La pellagre et bien d'autres maladies encore, sans compter les maladies morales, y affligent une population dont la misère dépasse celle décrite par La Bruyère, il y a plus de deux siècles.

« L'autre Roumanie, celle qui brille, est cependant une Roumanie factice. La vraie est celle qui souffre. Les efforts vers la formation de l'Etat contemporain semblent ne lui avoir apporté qu'un seul bienfait, celui d'être affranchi des invasions armées. Pour le reste, le gros de la population est presque aussi arriéré, aussi misérable qu'il y a plusieurs siècles, avec le surcroît des vices contemporains ; la seule chose, à peu près, de la ville qui pénètre jusqu'au village. »

La Roumanie a subi, en 1907, une nouvelle Jacquerie. Le cas est fréquent dans son histoire, comme chez tous les peuples agricoles. L'histoire romaine est pleine de révoltes agraires et de difficultés sur le partage des terres. L'histoire roumaine fait de même.

Dans ce pays où l'industrie est peu développée, la population rurale est nombreuse. La majeure partie de la richesse est terrienne. Les grandes familles sont celles qui ont de grandes terres. Un bojard est fier quand il peut dire :

— L'Express-Orient roule pendant deux heures sur mes domaines.

Ces riches Roumains ne s'occupent pas, pour la plupart, de culture. Ils ont des hommes d'affaires. Ce sont souvent des Juifs. Ceux-ci soutirent du fermage tout ce qu'ils peuvent. Ils sont à la Roumanie ce que furent en France les traitants, les fermiers généraux, les partisans. Ils n'ont qu'une bête à tondre, c'est le paysan. Celui-ci n'a plus le nom de serf. Il en a encore quelques désagréments. Il paie les droits qu'on lui laisse.

Le paysan solde son fermage, partie en argent, partie en nature (il donne une part de sa récolte), partie en travail fourni au fermier, dont il cultive gratuitement une étendue déterminée : il la laboure, l'ensemence et en fait la moisson.

Un économiste très informé m'expliqua, chiffres en mains :

— La superficie de la Roumanie est de

13.135.744 hectares, représentant 7.826.796 hectares de terre arable. Les petites terres des paysans s'inscrivent pour 3.153.655 hectares appartenant à 920.000 familles, soit 5.000.000 de personnes. Les grandes terres font 3.810.361 hectares dont 2.293.961 hectares sont loués à des fermiers, pour les deux tiers, roumains, et pour l'autre tiers, moitié Grecs, Bulgares, moitié Juifs. Les Juifs sont donc fermiers de 436.466 hectares, sur lesquels 189.566 hectares sont aux mains de deux trusts, établis en Moldavie et un peu en Valachie. Ces deux trusts paient aux propriétaires 4.000.000 de fermages. C'est le même système que celui des anciens partisans ou Fermiers de France. Le fermier assure le rendement au patron, et se rembourse avec usure. Il paie 40 francs l'hectare et le sous-loue 70 francs. Comme ils ont toute la terre disponible, il n'y a pas de concurrence, et il faut subir leur cours forcé. Le paysan n'a que deux partis possibles : ou payer le prix demandé par le trust, ou rester sans terre et s'engager comme travailleur sur les terres du trust, qui paie très peu. »

Un député libéral, aussi pénétré de la misère du peuple, ajoutait au tableau pessimiste les lueurs d'un avenir meilleur :

— Une minorité possède plus de la moitié de la terre cultivable, et la grande majorité est réduite à subir ses conditions. La question de la terre n'est pas étrangère à la question paysanne. On l'étudiera. En outre, l'exploitation à laquelle le paysan est livré ne peut durer. Il doit, pour vivre, prendre en fermage des lopins de terre et se soumettre à la loi du plus fort. Il paie ce lopin très cher, trop cher, surtout depuis le trust des fermiers ; il est trompé dans le mesurage. Mais ces excès vont être abolis. La caisse rurale viendra à son aide. Le monopole des fermiers sera limité. Les contrats agricoles se feront sous le contrôle de l'Etat. Des Inspecteurs seront créés pour veiller à la suppression des abus. L'Etat et les Compagnies d'assurances seront dans l'obligation d'affermer leurs domaines à des associations de paysans. La population roumaine des campagnes est plongée dans toutes les ténèbres ; à elle aussi, il faut un foyer de lumière rayonnant du centre, ce phare devrait-il éclairer un peu moins ce qui est immédiatement auprès de lui, pour briller, au contraire, vu du lointain. Le contraste est trop violent entre les deux Roumanies ; l'une des deux vit trop aux dépens de l'autre. Une œuvre de bonté et de réparation s'impose à l'égard de celle qui est si injustement traitée. »

Comme toujours il y a divergence, et deux opinions opposées se font face. Les libéraux attribuent la révolte à la misère. Les conservateurs y voient surtout le retentissement des menées anarchistes et ils déclarent : « Une classe qui s'accroît de 80.000 âmes par an, par l'excédent des naissances sur les décès, et dont la puissance de consommation a quadruplé en vingt ans, ne saurait passer pour misérable. Une preuve encore que le mouvement anarchiste ne saurait être imputé à la misère du paysan, c'est qu'il a éclaté précisément à l'époque la plus florissante qu'aient enregistrée les annales du pays, après la récolte extraordinairement abondante de 1906, la plus riche du règne, qui a donné 40 millions d'hectolitres de blé, et 46 millions d'hectolitres de maïs. Qui mieux est, le mouvement a atteint son maximum d'intensité et de criminalité dans les deux départements de Valachie qui tiennent le premier rang pour la production des céréales (6 millions 150.000 hectolitres de blé, dont près de la moitié, 2.967.000 hectolitres, formant la part de la petite propriété, en Vlasca et en Téléorman). »

Ce sont les socialistes et les anarchistes qui, à leur sens, ont tout fait, car les quelques fermiers juifs de Moldavie sont quantité négligeable, et le paysan n'est pas exploité. Il supporte fort peu de charges fiscales. « Outre l'impôt personnel de 8 francs, il paye 3 fr. 50 par hectare, soit en tout et pour tout 20 francs par an, décimes départementaux et communaux compris, pour la fa-

mille type propriétaire de 3 hectares 1/3. »
(Lahovary).

Qui a raison, des compatissants et des alarmistes ? Tous deux, certes, car il est bien évident qu'il y a dans le malaise rural et de la misère et de l'excitation étrangère. D'aucuns prétendent aussi qu'il y a l'ignorance : les paysans ne savent pas lire, et le niveau moral est très bas dans les campagnes, livrées à l'instinct bestial. Le paysan manque de prévoyance et d'économie. Il ne fait aucune provision pour l'hiver. Est-ce parce qu'il ne le peut pas ? Il semble vraisemblable que ces rustiques cervelles ont besoin d'une éducation agricole, économique, morale, et de bons exemples.

*_**

Au moment des troubles, un de mes amis qui habite à Mogosasti, près Mihaileni, tout au nord, dans la pointe de la Moldavie qui s'enfonce entre la Russie et la Hongrie, en plein pays d'insurrection, m'écrivit cette lettre :

12 avril 1907. — Les révoltes ont éclaté, comme un orage dans un ciel serein. Rien ne faisait prévoir une pareille catastrophe. J'étais à Bucarest au moment où les troubles ont commencé en

Moldavie, et la surprise fut générale. On crut d'abord que ce n'était rien, des petits troubles locaux, mais en quelques jours, que dis-je, en quelques heures, presque toute la Moldavie était en ébullition. En Moldavie, les troubles avaient un caractère plutôt antisémite, contre les Juifs établis dans les villages et les grands fermiers du fameux *trust*, dont on parle tant. Mais les paysans se sont bornés à chasser les Juifs, sans leur faire le moindre mal, sans voler et piller. Il en fut de même pour les fermiers juifs qu'on renvoya, sans s'attaquer à leur avoir, sauf dans deux cas, où il y a eu du pillage.

« En Moldavie, les propriétaires et fermiers roumains, non plus, n'ont rien eu à souffrir de la part des paysans. La panique n'a donc pas été justifiée. Pour ce qui me concerne, je n'ai pas bougé de chez moi, et n'ai même pas eu besoin de soldats pour me garder ! Les paysans de ce côté du pays, se sont bornés à demander de « la terre » et des conditions meilleures, plus avantageuses pour les travaux des champs, chez les fermiers et propriétaires. D'ailleurs, en dix jours, l'ordre et la tranquillité étaient rétablis dans toute la Moldavie. C'est la situation que trouvait le Ministère Sturdza à son arrivée au pouvoir le 12/25 mars.

« A ce moment-là éclatèrent les troubles en

Valachie. Ici, les révoltes avaient un caractère *anarchique* bien défini. On s'attaquait aux propriétaires et fermiers roumains, dont on dévastait et pillait les maisons. Plusieurs de ceux-ci furent menacés (je crois qu'il y a eu 3 ou 4 propriétaires et fermiers tués). Les propriétés pillées et incendiées sont fort nombreuses, malheureusement, en Valachie, et les pertes pour tout le pays, peuvent monter à une trentaine de millions, pas plus (peut-être moins). En Valachie aussi, en moins de quinze jours, tout a été tranquillisé, grâce à notre armée, qui a été admirable comme discipline et dévoûment. C'est vrai que la répression a été sommaire et sanglante, mais à ce prix seulement l'ordre pouvait être rétabli.

« Maintenant, vous me demanderez : *Quelles sont les causes de ces révoltes agraires* ? Elles sont multiples. En Moldavie, il y a certainement *l'accaparement par le trust juif*, qui sous-loue la terre très cher aux paysans ; le *manque de terre*, car la population des villages augmente d'année en année. Les *conditions de travail onéreuses* faites aux paysans par *certains* propriétaires et fermiers (je ne dis pas *tous*). Enfin la *propagande socialiste* et *l'instigation à la révolte, à abandonner la terre* », faite par des brochures répandues à profusion dans tous les villages, dans tout le pays. Les mêmes causes, on les retrouve en Valachie, sauf le *trust juif*, car dans le sud, les juifs ont très peu de propriétés prises en ferme.

« Il faut que j'arrive à présent à un autre point très important et qui vous concerne, vous Français. J'ai le regret de constater que la presse parisienne a été fort mal informée par « ses correspondants spéciaux » de Bucarest. Je prends comme exemple le journal le plus sérieux de Paris. Eh bien les nouvelles publiées par lui étaient absolument fantaisistes, à tel point elles étaient erronées et exagérées.

« Les journaux ont prétendu que des villes, en Valachie et en Moldavie ont été dévastées. Or, ceci n'est pas vrai. En Valachie, les paysans ne sont entrés dans aucune ville. En Moldavie, ils ont pénétré dans trois bourgs et ont dévasté les maisons de trois fermiers juifs, dans la ville de Botoshani (nord du pays). L'excuse de la presse étrangère d'avoir été si mal informée, c'est qu'elle a puisé ses renseignements dans la presse viennoise.

« Une autre question que vous pourriez me poser est celle-ci : Comment allez-vous remédier à cet état de choses ? *That is the question* ! Ce n'est pas par une ou deux lois, ce n'est pas en un an ou deux que l'on pourra changer l'état économique du paysan roumain ! Il faudra du temps, il faudra beaucoup de prudence, il faudra l'accord de tous

les partis, pour arriver à un état de choses satisfaisant, dans un avenir plus ou moins rapproché.
C'est évident que sous le coup des menaces et des
révoltes, il n'y a pas de Gouvernement qui voudra
entreprendre des réformes et donner de la terre
aux paysans.

« Voici quelques notes, écrites *currente calamo*
sans aucune prétention, si ce n'est celle de *l'exac-
titude des faits*, tels qu'ils se sont passés. Vous
pourrez en faire l'usage que vous voudrez.

« Croyez, etc.   M. H.

*_**

En lisant les journaux roumains de cette période, je me rappelai un matin d'avril. J'allais
de Bucarest à Giurgevo, vers le Danube. Dans mon
compartiment était l'aimable général Comana,
avec son état-major. Ces officiers se rendaient à
un champ de manœuvres d'artillerie, au camp
de Michel-le-Brave, pittoresquement établi dans
la forêt. Il y avait parmi eux un colonel dont
l'uniforme et la barbiche faisaient un véritable
troupier de Napoléon III retour de Crimée.

C'est encore un grand ami de la France, et il
l'a prouvé. Il a servi dans les rangs français, à
Paris, en 1870.

Il avait une conversation des plus intéressantes.

A deux heures de Bucarest, nous étions dans une région plate, d'un caractère particulier, ponctuée de petits villages fort pauvres. Aux gares, nous descendions pendant les arrêts, et nous étions entourés de paysans nombreux et minables, dont c'était la distraction de venir regarder le train passer. Ils étaient chaussés de toiles grossières qui s'enroulaient le long du mollet. Quelques-uns avaient des bottes. La veste était de grosse toile à sac brune. Le bonnet de laine mazdéen leur allongeait la tête en pointe. Ils étaient sales et miséreux, le teint jaune et huileux, avec de beaux yeux pleins de douceur. A proximité de la gare on voyait leurs demeures. Là, une maison est une cave ; on y descend par des marches. Un toit de chaume recouvre ce trou et semble de loin reposer sur le terrain. Le soir, quand les chandelles s'allument dans ces bouges, on voit seulement des lueurs qui rasent le sol, sous l'angle du toit.

Les officiers ne semblaient pas fiers des habitations de leurs compatriotes. Le colonel m'expliqua :

— Il faut savoir une chose, c'est qu'il y a soixante ans, tout ce pays-là vivait dans la terreur des Turcs. Voyez ces maisons riches dans la montagne, et près du Danube : elles sont du type qu'on nomme une « koula ». C'est la demeure fortifiée, un cube de pierre ouvert en bas par une porte basse comme une chatière, une masse faite pour diviser, sans être entamée, le flot de l'invasion turque. On prenait l'air en haut, sur la terrasse qui soulève le toit, appuyé sur des piliers trapus et des arcades ramassées. Là, les femmes, quittant le térem, venaient aspirer la fraîcheur du soir et arroser les fleurs grimpantes. Dès que les Turcs paraissaient, tout rentrait dans la citadelle de granit, à l'épreuve du feu et des balles. Mais le paysan ne pouvait pas ainsi s'abriter. Il logeait dans sa cahute de chaume. Le Turc entrait et ordonnait : « Donne-moi à manger ». Quand il s'était repu, il commandait de nouveau : « Je me suis fatigué les dents à manger. Paie-moi. — Mais je n'ai pas d'argent. — Tu en as, donne-le ! — Je n'ai rien. — Ah ! tu ne veux pas ? » Et le Turc mettait le feu à la chaumière. L'incendie gagnait les cabanes voisines. Tous, avec femmes et enfants, se sauvaient à grands cris vers la montagne. Le village était détruit. Après le passage des Turcs, on le rebâtissait, aussi modestement que possible, puisqu'il était de nouveau destiné à flamber. Aussi le paysan ne bâtissait-il rien en pierres. A quoi bon faire des frais ? Il fallait des cabanes rapidement faites et dont la perte inévitable fut légère. Ces mœurs ont créé des habitudes. Et à présent encore, bien

que le Turc ne soit plus à craindre, l'atavisme
persiste et les fils des paysans ne se plaisent que
dans les chaumières où ont grandi et vécu les
générations des ancêtres. On s'est préoccupé de
les mieux loger. On leur a offert de gentilles
maisons en briques. Car l'Etat se voue à l'amélio-
ration de leur sort. C'est, sur certains points,
peine perdue. Ils laissent la maison vide et pré-
fèrent la chaumière paternelle ».

Certes, l'explication est jolie, plus jolie peut-être
qu'exacte, et il serait surprenant que le paysan
refusât et repoussât le progrès, l'hygiène, le bien-
être par fidélité aux aïeux. La récente Jacquerie
a mis à nu sa misère : la pitié qu'il inspire est du
moins tempérée à présent par l'assurance d'un
avenir meilleur.

Combien de malheureux ne peuvent, hélas !
en dire autant !

VII

De quelques Usages

---

*Les Laoutars. — Les trilles de la flûte de Pan. — La
fête des Moschi. — Une foire nationale. — Le
Martzisoar. — Une gracieuse coutume. — La
Croix de la Princesse. — Les insolations. — Poésie et Soleil. — Les enterrements. — Une histoire
comique de cimetière. — Le grand-père réincarné.
— Le quartier juif. — Le Pourim. — Les clowne-
ries de Joad.*

La musique populaire a, en Roumanie, un
charme expressif.

Rien n'est impressionnant comme la musique
agreste des laoutars, vive, tumultueuse, singul-
tante, ou traînante et désolée, joie et douleur,
plaisir et larmes ; musique expressive d'une âme
populaire, de passion, de tristesse et d'amour
caressant « qui déchire de la joie et des sanglots
unis », a dit joliment une Roumaine. Il y a quelque
chose de primitif, de simple, de profond, de sin-
cère et de frissonnant dans ces appels aigus ou

plaintifs. Avant d'entrer en Roumanie, l'Express-Orient s'arrête dix minutes devant une jolie petite station hongroise, Ersékujvar, dans la gracieuse région des Bains d'Hercule. La gare est un petit bâtiment carré, prolongé par des galeries à jour dont les treillis supportent des vignes vierges qui pleurent échevelées. Pendant l'arrêt, une dizaine de tziganes, des vrais, pauvrement vêtus de jaquettes élimées, coiffés de chapeaux mous déformés, sans cette ridicule casaque rouge — elle fait la joie des Hongrois et des Roumains, qui se gaudissent quand ils entrent dans nos restaurants — s'approchent du wagon-salon et jouent des czardas. Combien celles-ci, avec leur emportement altier, diffèrent des mélodies roumaines !

Les laoutars font chanter l'âme d'un peuple dans leur musique passionnée, voluptueuse ou lasse ; le tympanon, frappé par la touche légère et rebondissante du martelet, exprime les ardeurs trépidantes et le sanglot des regrets ; le violon rit et pleure, dans sa plainte aimante qui dit les soupirs des âmes séparées ; la flûte de Pan siffle ses trilles vibrants et vainqueurs, et répète les chants que durent moduler les hommes de jadis, quand retentit sur la terre et sous les forêts la première musique humaine, imitation du chant des oiseaux.

Je les revois, ces laoutars que dirige Ciulac. A un déjeuner offert à quelques Français, ils jouèrent poliment des valses lentes de Rodolphe Berger, plus mal encore que nos orchestres de music-halls. On n'y fit pas attention. Mais ils varièrent et introduisirent au programme des mélodies locales, soupirs languissants des amours villageoises, avec des trilles de rossignols ; ce fut merveilleux ; c'était une bucolique passionnée, une géorgique amoureuse, une prière dolente, un hosannah vainqueur, un cri de détresse, un gazouillis de fauvette ; cela sentait bon et frais le sous-bois, l'herbe, le foin froissé, les branchages peuplés de nids ; c'était la plus idyllique et la plus troublante des pastorales. Des applaudissements éclatèrent.

Une fête qui a un caractère bien local est celle des Moschi.

Pendant la semaine préliminaire à la Pentecôte, une animation grouillante fait trépider tout un faubourg de Bucarest : c'est les Moschi, une des plus grandes foires de l'Europe Orientale, aux barrières de la ville, par delà l'Obor. Elle se tient dans un immense enclos qui se hérisse de tentes, de cabanes, de baraques, comme nos anciennes foires Saint-Germain ou Saint-Ovide. Un pavillon royal dépasse les autres constructions : c'est là que le Roi, par un vieil usage, vient se montrer pour prendre part à cette manifestation nationale. L'espace occupé par cette fête populaire est évalué à douze hectares. C'est toute une ville foraine et bruyante, qui surgit en une nuit, comme sous une baguette, ville provisoire aux rues factices, vivement enluminées d'enseignes aux couleurs hurlantes, et la foule des costumes roumains met dans la lumière claire et chaude des semis de broderies, de sequins, de fils d'or, d'argent, de cobalt, d'écarlate, sur les robes, les tabliers, les vestes en peaux incrustées de mosaïques noires ; et les fichus bleu pâle ou rose vif, enserrent les épais cheveux noirs des femmes, et les hommes ont coiffé le bonnet pointu et frisé.

La foule est sillonnée par des fillettes jaunes, des tziganes aux yeux ardents, qui vendent des fleurs, en les tendant de leurs bras nus, au bout des petits doigts luisants comme du bronze ; des mercanti promènent des paniers pleins de trompettes en papier bicolore, de ballons en vessies, de grandes fleurs artificielles.

Des hangars pavoisés sont des *berarie* où l'on boit la bière, en regardant sur la scène, ornée de roseaux séchés, les danses lascives des femmes turques, en larges pantalons rose ou noir, le front marqué d'une fleur bleue, venues de la Dobroudja.

Dans les cabarets en plein vent, les tziganes font rire la joie et grincer le deuil aux sons du cobzar et de la flûte de Pan, tandis que les clients installés aux tables de bois, mangent la pâtée de mitite, et semblent porter des rêves infinis dans leurs grands yeux bruns pailletés d'or.

Les attractions se pressent, et les cloches, les grosses caisses, les cliquettes attirent, fascinent les badauds devant les cirques de chiens, les musées Dupuytren et les cinématographes, les roues de fortune, les têtes de turc à mailloche, les photographes, les nains, les géants, les aïssouas, derviches, fakirs mangeurs de lapins crus.

Par quartiers, les industries se localisent : lingerie, tapis, broderies d'Appenzel et broderies roumaines, tissus de lin, poteries aux formes antiques, opincii ou savates de cuir, pantalons de drap blanc brodés sur la cuisse de dessins noirs ou coloriés.

D'interminables rangées de baraques offrent une vaste exposition de pain d'épices et de gâteaux populaires, semés d'anis. Le guignol vient d'Autriche, et ses histoires guerrières n'ont pas la fantaisie et la gaieté des spectacles d'Anatole, aux Champs-Elysées de Paris. Les Fantoches ont quelque affinité avec le Karagheuz. Les chevaux de bois sont pauvres, mais occidentaux.

L'assistance est variée : femmes élégantes et femmes du peuple s'y rencontrent devant le fourneau des rôtisseuses de grains de maïs ; paysans, ouvriers, employés, gentlemen, députés, cochers russes ou mitocani, — les gavroches de là-bas.

Des tziganes cuivrés portent sur l'épaule des grappes de chaudrons qui mettent une fauve flamme d'or sur la coulée ténébreuse de leur longue chevelure bouclée et inculte.

Les femmes tziganes, maigres, dégingandées, la jupe collée aux cuisses, l'enfant à'la mamelle, enjambent les pavés.

Au galop des chevaux, les paysans arrivent en file, comme des fuyards de tribus nomades, dans leurs chariots (caroutsa), tout bourrés en paille de maïs ; et des portants en bois relient extérieurement la carrosserie à la pointe de chaque moyeu, comme des arcs-boutants soutiennent le mur d'une cathédrale. La paille épaisse dépasse les panneaux, et la maisonnée a l'air d'une couvée enfoncée dans les brindilles d'un nid. Les gas ont le pantalon dace, blanc et ajusté ; la veste est une toison de bélier qu'ils portent le poil en dedans, avec le cuir extérieur enluminé d'indigo et de ponceau ; ils ont les cheveux taillés en rond, ourlés sous les oreilles. Ils s'arrêtent et détellent les bœufs blancs tachetés, aux longues cornes en lyre.

Ils se reposent, se retrouvent, boivent, chantent, rient ; telle une traînée de poudre, la gaieté fuse d'un bout à l'autre de l'assemblée ; des notes de musique partent d'une flûte de bois, et comme par un prestige magique, toute cette foule se dispose aussitôt en file, et suit la cadence, les jarrets emperlés de grelots, c'est la hora ; en vaste ronde, sinueuse, les mains sur les épaules du voisin, ils dansent d'un mouvement lent, onduleux comme une caresse dont le frisson court tout le long de cette colonne de danseurs.

A côté, les attelages reposent, en attendant le départ, le retour à travers l'immense plaine pâle.

C'est un camp de chariots dételés : on cherche Attila. Tout autour, les paysans sont couchés ; les bœufs rongent des tiges poudreuses ; des groupes de chevaux et d'hommes sont pittoresques. On dirait une tribu au bivouac.

Raffet a dû prendre aux Moschi le croquis de son agencement de chariots, dans son dessin la *Cour de Caravansérail à Bucarest.*

Les Moschi sont bien peu connus, loin des rives de la Dimbovitza. Ils ont leur place marquée entre la foire de Leipzick et celle de Nijni, mais une place à part, car, à la différence des autres, cette manifestation est essentiellement nationale ; c'est comme une exposition annuelle de la petite industrie locale, un examen de conscience industriel

dans le fracas d'une fête foraine. Certes, la différence est grande, car on vit rarement un marché
plus avenant, où la joie prime les affaires. Les
transactions y sont-elles importantes ? Je ne sais,
mais elles ont un caractère populaire qui donne
une vive couleur locale à cette assemblée plusieurs
fois séculaire. C'est le jour du peuple, qui est très
attaché à cette vieille tradition et qui met une
coquetterie, dirait-on, à exhiber dans un vaste
enclos la variété diaprée de ses costumes aux tons
ardents. Là l'Occident est battu en brèche, l'âme
de la foule est purement roumaine, et n'a pas fait
son apprentissage à Berlin ou à Paris. Les Moschi,
c'est la revanche des Roumains contre les éduca-
teurs de l'Ouest, c'est la protestation souriante
des petits-fils de Bucur-le-Pâtre.

*
* *

Il y a des coutumes gracieuses ; en voici une.
Dès que bourgeonne le printemps, partout, aux
corsages des dames, aux devantures des magasins,
merciers ou bijoutiers, aux étalages des bazars,
sur l'éventaire des marchands ambulants et des
camelots, au cou des enfants, c'est une profusion
de rubans et de cordelières, qui sont tous unifor-
mément rouges et blancs, les deux couleurs
tressées l'une sur l'autre.

C'est une symphonie, dont l'ensemble est rose tendre. Les rues, les places, les cafés, les voitures ont cet aspect printanier, comme s'il avait neigé des fleurs d'aubépine. Rouge et blanc. Les torsades mi-parties s'enroulent au poignet et au col des jeunes filles, dont elles rehaussent le teint mat, et dont elles avivent les physionomies songeuses aux yeux noirs et profonds, où se reflètent les forêts des Carpathes et les eaux grises du Danube.

Au bout de chaque cordonnet est suspendue une médaille, un bijou plus ou moins luxueux, selon les castes sociales. Dans le peuple, c'est un cœur ou une pendeloque de simili or, cuivre plaqué en doublé, plomb patiné ou galvanoplastie. Mais ces affiquets se vendent aussi en argent, en or, et certains sont même incrustés de roses et de rubis.

Un bibelot qui se porte beaucoup en ce moment, au bout du ruban rouge et blanc, et qui se fait en fer, en acier, en argent ou en or, c'est la croix de la princesse.

On sait quelle délicate artiste est la princesse héritière de Roumanie, la princesse Marie. Elle est très éprise d'art byzantin, et se plait à créer des modèles. Elle est aussi très sportive et aime les chevaux.

Un jour, pendant que le maréchal ferrait le sabot de sa jument, elle ramassa deux clous

de fer à cheval, et, en se jouant, elle les mit
en croix. Le dessin lui parut joli de lignes. Elle
les fit souder ainsi, en repliant les deux pointes,
comme deux moitiés de fer de flèche. Ce modèle fut aussitôt adopté par la mode. C'est la
croix de la princesse.

Le ruban rouge et blanc auquel est attaché un
de ces bijoux, s'appelle un *martzisoar*, une amulette de mars.

Tous les ans, à cette époque, les jeunes femmes
et les jeunes filles reçoivent ce cadeau des personnes
qui ont quelque sympathie pour elles. C'est un
vieux symbole et une antique tradition.

Jadis, le présent était plus simple ; il consistait
en un ruban rouge et blanc passé dans le trou
d'une pièce de monnaie percée.

Ce cadeau s'est toujours fait en mars, il a un
sens astronomique.

Dans cette région de l'Europe Orientale, le
climat est très différent du nôtre. Bien que Bucarest soit sous la latitude de Marseille, les saisons
ne s'y comportent pas de même. Elles ont quelque
chose de plus brusque et de plus violent. Le
sud-est de l'Europe, adossé aux Balkans et aux
Carpathes, s'ouvre sur une plaine immense qui
s'aplanit par dessus toute la Russie jusqu'à
l'Oural. L'hiver, les vents de Sibérie viennent
la glacer et la couvrir de neiges épaisses.

En mars, c'est un changement à vue, une métamorphose rapide : la neige disparaît, et tandis que chez nous le printemps inquiet s'attarde à l'horizon, là-bas, il fait irruption, il s'installe tout à coup et met l'hiver en fuite comme un régiment de Turcs. Il arrive avec des airs de conquérant vainqueur.

Le subit soleil de mars, au sortir de la période hivernale, a des ardeurs redoutables. Alors les insolations sont fréquentes et terribles.

Le martzisoar est un talisman contre le soleil de mars.

Dans les temps, la jeune fille portait à son cou cordonnet et pièce de monnaie. Au bout de quelques jours, elle doit aller nouer le cordonnet autour d'une branche de pommier fleuri. Avec la pièce de monnaie, elle achète une grande mesure de lait, qu'elle boira. Tout, dans ce mythe, est blanc, rose, printanier, virginal, les fleurs de pommier, le lait, le cordonnet aux deux couleurs.

C'est, en effet, un symbole de liliale et rose jeunesse, que ces cordonnets gracieux.

Les fils rouges signifient : « Que votre sang soit d'un beau rouge comme la couleur de ce ruban. »

Les fils blancs souhaitent : « Que le teint de votre visage soit blanc comme cette cordelière. »

La monnaie pour acheter le lait a disparu

dans les villes, où on l'a remplacé par un bijou ;
c'est certainement moins hygiénique.

Je ne sais rien de plus joli que les cités roumaines
en mars, sous cette pluie de couleurs tendres qui
les font ressembler à un jardin tout fleuri d'aubépines, de fleurs de pommiers et d'arbres de Judée.
Et je ne sais rien de plus touchant aussi que ce
talisman propitiatoire, cette amulette prophy-
lactique, ce gracieux objet du culte antique du
soleil, le terrible soleil craint et adoré. Le martzisoar m'apparaît comme un souvenir pieux et lointain de Zoroastre.

*
* *

Pour passer du plaisant au grave, les enterrements roumains sont curieux : le corps à décou-
vert, et les pleureuses portant un grand pain de
maïs, modelé à l'image du défunt.

Le cimetière est étrange, avec ses grandes
armoires de verre où sont conservées les couronnes.
Les chapelles des tombes sont souterraines.

Ces chapelles souterraines me rappellent une
anecdote qui nous fut contée en wagon, sur le
trajet de Sinaïa, par un amusant Bucarestois.

— Un vieillard savant et spirite venait chaque
jour évoquer les esprits dans la chapelle du tom-
beau des siens. Là, parmi les dépouilles des êtres

chers, il causait avec leurs âmes évoquées ; cette crypte funéraire semblait s'ouvrir sur l'autre monde, comme un soupirail sur l'au-delà. C'était son balcon d'où il interpellait les mânes errants dans les prairies d'asphodèles. Il inscrivait ses entretiens d'outre-tombe, et ne cessait pas de demeurer en relation avec toute sa famille.

Un jour, comme le vieillard venait d'arriver et de s'installer devant le petit guéridon garni du ouï-ja, un esprit se manifesta et le colloque commença :

— C'est toi, cher esprit ?

— Oui.

— Qui es-tu ?

L'esprit se révéla par un papier qui se produisit fort à propos. Il portait des caractères d'une langue inconnue. Le vieillard emporta religieusement ce précieux talisman, et sans en révéler la céleste origine, il le montra à quelques personnes en leur demandant si elles avaient déjà vu cet alphabet. Il sut bien vite que c'étaient des lettres russes, et on lui lut le texte. Le vieillard fut stupéfait. C'était le nom de son grand'père, qui avait servi dans l'armée russe. Il fut ému et touché par cette marque d'affection ancestrale, et dès le lendemain il revint dans la tombe pour se mettre en rapport avec l'aïeul.

Celui-ci avait des nouvelles à lui apprendre.

Il annonçait à son descendant son intention de revenir sur la terre et de se réincarner.

— Tu iras, lui dit-il, rue Covaci. Au numéro 172, tu monteras au premier étage, et tu heurteras à la porte. Une jeune femme t'ouvrira. Elle est enceinte. Elle va avoir un fils. Ce fils, c'est moi. Sous cette forme je reviendrai vers toi. Veille sur ma mère.

Le vieillard fut étonné, mais docile. Il se rendit à l'adresse indiquée, et heurta la porte. Une charmante jeune femme blonde ouvrit.

— Bonjour, Madame. Etes-vous enceinte ?

La dame parut interloquée par cette question sans ambages. N'ayant sans doute aucune raison de cacher son état, elle répondit, rougissante :

— Oui, Monsieur.

— De combien ?

— Deux mois.

Le vieillard pensa :

— Tout ceci est la confirmation la plus éclatante de la vérité des messages suprasensibles.

Il ajouta à haute voix :

— Etes-vous mariée ?

La confusion se peignit en écarlate sur les joues de la jeune beauté, qui murmura avec embarras :

— Non, Monsieur.

Le visiteur répliqua :

— C'est indifférent. J'ai un avis assez grave

à vous donner. Votre fils sera mon grand'père.

La jeune mère ouvrit de grands yeux, et regarda son hôte de cette manière particulière, à la fois curieuse, compatissante et inquiète, dont on regarde les fous. Mais la suite du discours la rassura :

— Votre fils sera mon grand'père. Peu vous importe comment je sais ce secret. Ce qui importe, c'est que mon grand'père, pour son retour au monde, soit confortable. La piété petit-filiale exige que je me préoccupe de son sort et de son bien-être. Il habite ici un logement trop modeste. Je veux le mieux installer.

Dès le lendemain, la jeune mère émerveillée fut déménagée, et habita un charmant petit hôtel agréablement meublé ; elle y fut entourée de tous les soins et de toutes les prévenances. Un médecin fut attaché à sa personne, et toutes les précautions furent minutieusement prises pour que le grand'père eut une superbe renaissance.

Le père du grand'père, en l'espèce l'ami de la donzelle, fut admis à visiter à toute heure sa collaboratrice dans cette œuvre de résurrection.

Sept mois se passèrent ainsi au milieu des plus tendres sollicitudes. La jeune mère paraissait si heureuse et si florissante qu'elle faisait prévoir le plus robuste avenir pour le jeune aïeul attendu. Elle éprouvait bien quelque embarras devant le vieillard son protecteur, non qu'elle fût gênée par ses bienfaits ; mais en conscience, elle ne savait comment l'appeler. Sa qualité de mère de grand-père lui conférait le titre d'aïeule ; mais elle hésitait à appeler le vieillard « mon petit-neveu ».

L'heure de la naissance sonna. Le vieillard était rempli de componction, de respect, d'émotion devant cet ancêtre rédivive, et il s'apprêtait à embrasser les joues rebondies de ce baby qui allait lui être si proche parent.

Quand soudain éclata la voix péremptoire du docteur :

— C'est une fille !

C'était une fille ! Qu'était-ce à dire ? La nature avait elle eu une inqualifiable distraction ? De sa grand'mère, il était sûr qu'il n'avait pas été question. Quant au grand'père il avait formellement annoncé la forme de sa matérialisation, dans un *fils*. Les esprits savent ce qu'ils disent.

Le vieillard prit le parti de se persuader que les esprits n'en sont pas à un sexe près.

Et la nouvelle-née passa pour un grand'père. Elle eut d'excellentes nourrices et une éducation conforme aux prescriptions les plus primordiales de l'hygiène et de la puériculture.

L'enfant recevait chaque jour la visite de son père et celle de son petit-fils.

Mais ici bas rien ne dure. Le bonheur du petit

aïeul fit des envieux. La vérité finit par être connue et rapportée au digne vieillard.

C'était l'amant de la donzelle — il eut le tort de s'en vanter — qui avait machiné toute cette manifestation psychique et ces phénomènes sur-normaux dans l'intérêt de ses amours. Il avait eu l'ingénieuse idée d'intéresser par ce moyen un riche et digne vieillard au sort de sa maîtresse et de son enfant. Le père, la mère et la progéniture vécurent ainsi largement, durant un temps qui leur parut trop court. Tout a une fin. Et tout a une morale. Ce conte vrai prouve que de tous les hôtes légers du monde des Esprits, celui qu'il est le plus avantageux de déranger et d'évoquer, c'est l'esprit de famille.

Aux enterrements, des pleureuses gagées pré-cèdent, comme à Rome, le cadavre.

On montre une importante tombe monumentale, celle d'une jeune poétesse morte prématurément. Dans l'armoire de verre, on a déposé ses œuvres reliées, sa plume et son écritoire. Au fronton du monument est encastrée sa pendule, qui s'arrêta au moment où la jeune fille rendit le dernier soupir. Elle avait dix-sept ans, et des gens de goût m'ont assuré qu'elle avait du génie.

Le cimetière juif est à part. Il y a beaucoup de Juifs ici, comme en Hongrie, où on appelle

Budapest: Judapesth. Jassi est une ville d'Hébreux.

Un soir, je me promenais avec un ami roumain dans le quartier de la Calea Rahovei, attentif aux chants tristes qui sortent des cabarets où des laoutars accompagnent des chanteuses de mélopées nationales. Des masques passèrent en riant. Mon compagnon me dit :

— C'est le *pourim*. Il faut voir cela.

Cinq minutes après, un fiacre nous déposait en plein quartier juif, devant une misérable salle de théâtre, déjà toute pleine de très pauvres gens, costumés et masqués sans luxe.

Vous savez que le Pourim est la fête anniversaire du jour où Esther, femme d'Assuérus, sauva les Juifs du massacre ordonné par le ministre Aman. Les Juifs ont de la mémoire.

Dans la salle éclairée de quinquets, des hommes et des femmes riaient, chantaient, lançaient des confetti et dansaient la *hora*, la *chora* antique. Puis la toile se leva. Des acteurs malingres jouèrent en hébreu des farces de parade, dont les bons mots soulevaient des rires. Mon ami se fit traduire en roumain quelques réparties qu'il me communiqua. Elles étaient enfantines et ineptes. Une explosion de gaieté ayant accueilli une réponse d'un acteur, je voulus savoir ce qu'il avait dit. Il explique à sa femme qu'il a été en Amérique. Elle demande :

— C'est grand, l'Amérique?

— Oh! oui! C'est grand! grand comme ça!

Et il étend les deux bras. Il n'en faut pas plus. Juifs et Juives, en costumes de mascarade riaient aux éclats. J'eus un sentiment de tristesse. L'hébreu, la langue des Prophètes, servant à des pantalonnades! Joad devenu clown! C'était comme une sacrilège profanation.

VIII

Slanic de Prahova

—

*Une coquette ville d'eau. — Jolie église ancienne.
— Vieilles peintures. — Analogies avec nos mystères. — Dans la Saline. — Une nef de sel. — Le
travail d'une excavation. — Les Saulniers blancs
ceinturés de rouge. — Visions fantastiques.*

J'ai retrouvé à Bucarest plusieurs camarades
de classe que je n'avais pas vus depuis longtemps,
depuis le temps de nos études au Lycée Saint-
Louis. C'est une agréable surprise de revoir, si
loin de Paris, des labadens que l'on tutoie. Il y
avait là mon ami Davila, qui est maintenant
directeur des Théâtres Royaux, et aussi Plesœano,
qui est ingénieur, et qui me parla des richesses
naturelles de son pays, forêts, vignes, pétrole,
sel.

— Il faut, m'assura-t-il, que tu visites une
saline. Le directeur de Slanic est un ami à moi ;
voici un mot pour lui.

Slanic est à trois heures de Bucarest, en chemin de fer, vers le nord. A Ploesti, la voie bifurque. La ligne de l'Ouest suit la rivière Prahova, traverse les terrains pétrolifères de Campina, et continue vers Sinaïa, Busteni, Predeal. La ligne du Nord ne va pas plus loin que Slanic, et se butte là aux contreforts des Carpathes de Transylvanie.

M. Dianu, dans son livre sur *Les Salines Roumaines*, constate que les couches de sel sont presque ininterrompues le long des Carpathes, depuis Suceava en Bukhovine jusqu'à Mehedintzi au sud ; « la Roumanie pourrait certainement approvisionner l'Europe pendant des siècles ». Le sel est monopole de l'Etat « qui exploite quatre mines : Slanic, Doftana, Targu Ocna et Ochele Mari ». Autrefois, l'Etat faisait travailler les forçats dans ses salines.

Slanic de Prahova est située au fond d'une vallée que baigne la rivière Slanic. Partout sourdent des sources qui laissent, sur l'herbe des coteaux, des traînées blanches de sel. Un établissement de bains est niché dans la verdure. Les maisons sont des villas d'été ; nous sommes dans une ville d'eaux.

Trois curiosités sollicitent ici le touriste : le pénitencier, l'église, la mine.

Le pénitencier est installé avec le sens moderne de l'hygiène, et n'offre de particulier que l'aspect sombre de ses hautes murailles. C'est un petit Mazas qui a les Carpathes pour horizon.

L'Eglise est intéressante. Elle est isolée au milieu d'un enclos herbu. Sa forme est celle des basiliques orthodoxes ; elle est petite et bombée de coupoles, précédée d'un porche ou narthex assez profond, fermé sur les côtés par des murs, et orné de deux piliers byzantins à l'avant.

Ce narthex est intérieurement couvert de fresques compliquées. Celle du fond, qui surmonte la porte en forme de tympan arrondi, est assez belle. C'est une Pesée des Ames. A gauche s'élèvent les tours crénelées de la Cité Sainte. A droite, — tout comme sur la miniature de Valenciennes qui représente la mise en scène d'un Mystère au xve siècle, — on aperçoit la gueule de l'Enfer. Il en sort des démons cornus, verts, à queue, aux pieds fourchus, les mêmes qui figuraient dans nos vieux mystères, — et pour leurs rôles on choisissait de solides gars à la forte voix pour faire « la plus grande noise ». Le fond du tableau est balayé par des traînées de grandes flammes d'un réalisme saisissant, qui mettent des lueurs de violent incendie derrière les groupes de damnés. Au centre, dans un cartouche carré, une prière est écrite en lettres d'or. Vers la Cité Sainte, un juste est étendu mort ; son âme, sous la forme d'une femme blanche, s'échappe du

11.

cadavre et est reçue dans le giron d'un ange aux ailes déployées. Des âmes sont emportées dans le tourbillon des flammes rouges et de la fumée. Au cintre, une main sort d'un nuage et tient une balance. Au-dessus, les douze apôtres sont alignés en frise.

Une grosse croix de pierre est dressée contre le mur latéral du narthex, à gauche.

Je pousse la porte quadrillée de barres de fer. La petite nef est sombre, et des saints à longue barbe, des verdures de tapisserie couvrent les murs et les coupoles, pour encadrer de mystère et de piété le vieil iconostase dont les dorures ont bruni. Un grand cierge jauni, décoré de losanges rouge et or, se dresse près de l'icone de la Vierge. Un jour rare et douteux tombe des petites ouvertures du plafond.

On est ébloui en sortant. Le panorama est splendide. A l'horizon, le soleil fait miroiter les neiges des cimes. Sur la route, je croise des paysans vêtus de drap blanc, coiffés du bonnet conique, les jambes prises dans des guêtres de linge dont les courroies retiennent les souliers en cuir replié. Des buffles traînent des chariots dont le tablier pose à même sur l'essieu qui grince ; des pièces de bois arrondi rejoignent extérieurement le moyeu de la roue aux traverses de la carrosserie.

Dans un pré voisin et dans la rivière à sec, des attelages de buffles accouplés sous un joug qui ressemble à une cangue, ruminent et attendent.

Au loin, l'église, rouge foncé et or, se détache dans la verdure. De grandes perches dressées marquent la place des puits.

Je suis la voie ferrée, et voici l'entrée de la mine. Les bureaux sont près de la grille. Le directeur me reçoit avec une bonne grâce parfaite, et me montre les plans de l'installation. Nous sortons, nous longeons les magasins, les moulins, la voie du chemin de fer à contrepoids pour le service des wagonnets, et après une montée assez rude, nous voici à l'entrée du puits. Ce n'est pas ici comme aux mines houillières : il n'est pas utile de revêtir le costume du porion. La mine est propre comme un salon. La chambre des machines gronde derrière la porte vitrée. Notre groupe s'est grossi, nous sommes quatre. Nous prenons place dans la benne, où deux banquettes ont remplacé le wagonnet.

Un son de cloche ; le mécanicien appuie sur la manette, et nous filons dans le vide, suspendus au câble. Nous traversons une couche de terrain d'une cinquantaine de mètres d'épaisseur et nous voici au faîte de la galerie.

Le coup d'œil est fantastique. Il n'y a pas d'opéra qui donne par ses décors les plus savants une telle impression de pittoresque et de beauté. Au moment où nous pénétrons par le haut dans la mine, nous sommes suspendus à 118 mètres au-dessus de ce que nous appellerons improprement le plancher. La mine est une immense poche, une caverne artificielle, qui a été commencée par une excavation de douze mètres de diamètre. Elle a été évidée peu à peu, creusée en plein sel. Le sol qui soutient les ouvriers a, peu à peu, descendu, et l'excavation s'est élargie en profondeur, en forme régulière d'œuf gigantesque. Il a plus de cent mètres de vide, et il y en aura encore autant à ôter. Il est encore plein jusqu'à la moitié.

Cependant, la benne descend dans la carrière, le long de la paroi. Le spectacle est admirable ; c'est une immense nef, toute blanche et scintillante, illuminée par la lumière violette des globes électriques. Tout au fond, on aperçoit grouiller les ouvriers en pantalon de toile blanche, ceinturés de rouge. Un grand silence plane étrangement sur ces travailleurs et nul écho ne répercute les coups amortis des marteaux sur le sel. Tout est blanc. On dirait une cathédrale gothique en marbre blanc, une nef ogivale qui se passe de piliers.

Tout est sel, murs, plancher, couloirs. Les rails

des wagonnets posent sur le sel. Le talus qui sert de chemin est de sel massif. On songe à cette page fantaisiste de Fénelon, décrivant l'Ile des Plaisirs, où on lèche les murs de sucre candi.

****

Mais nous voici à terre, — à sel, faudrait-il dire. Nous piétinons le chlorure de sodium. Nos vêtements font tache dans toute cette blancheur, piquée par les notes rouges des ceintures, comme par des points de sang. Au-dessus de nos têtes s'arrondit l'ogive de la haute nef, régulière et polie, scintillante de mille petits cristaux. L'excavation s'arrête, en largeur, quand la pioche rencontre les filons de sel déjà moins pur et mélangé de terre.

Cette mine exporte surtout en Bulgarie, en Serbie et au Congo.

On nourrit le bétail, en Bulgarie, avec le sel terreux.

Cette poche a été commencée en 1870. Elle s'est évasée, et le sol est à présent à 100 mètres de la voûte ; il reste encore 200 mètres de sel à excaver en dessous pour avoir tout vidé.

La circonférence de la base, au fond de la cloche actuelle, est de cent mètres.

Le terrain circulaire est travaillé et excavé

avec une régularité parfaite, et de la façon la plus ingénieuse. Il forme une plateforme, à la base de la nef vide. C'est cette plateforme qui, chaque jour, se creuse et descend plus avant. Elle est traversée en diagonale par un tertre qui supporte la voie ferrée des wagonnets, pour conduire ceux-ci à la benne, qui les remonte remplis. Ce tertre divise le terrain en deux demi lunes. Chacune d'elles est quadrillée par des rigoles qui limitent des lots, et chaque bloc de ce lotissement a trois mètres de long sur un mètre de large. Il supporte quatre ouvriers, qui le cernent, l'isolent, évident le tour, de façon à lui donner une épaisseur d'environ cinquante centimètres.

Quand le bloc est ainsi dessiné, — et ces rangées de tumulus ont quelque chose de funéraire, on dirait un cimetière de tombes virginales, — les quatre ouvriers montent dessus, se mettent en ligne, et avec des marteaux pointus à manche long et flexible, durant quatre heures, avec un ahan énervant et rythmé, ils battent en cadence la base des tumulus, du même côté et sur la même ligne, vrai travail de forçats. Le torse en sueur, avec la ceinture pourpre et la saie blanche, ils sont tout pareils à leurs ancêtres, les *servi* de la Rome antique.

Après ce long ébranlement, tout le bloc est détaché du sol ; il ne reste plus qu'à le soulever avec des leviers, et à le mettre en morceaux. La séparation est nette et droite. A la place des tumulus, le sol est plan et uni. Quand toute la couche aura été ainsi enlevée, on quadrillera de nouveau le terrain, et par le même procédé, la caverne descendra encore de cinquante centimètres.

Une équipe détache et détaille une de ces tombes par jour. Chaque ouvrier gagne trois francs en moyenne. On remonte en un jour 250 tonnes de sel, et 80.000 tonnes par an.

Des manœuvres déposent dans le wagonnet voisin les débris du bloc détaché et rompu. Ils ont une façon particulière de porter ces rocs de sel : on les leur charge sur le dos, deux ou trois, selon la grosseur, et ils les maintiennent, le long de leur échine courbée, de leurs bras rejetés en arrière, et de leurs mains qui se rejoignent sur les reins.

Les figures brunes, les torses halés, sont, avec les ceintures, les seules taches qui marbrent la blancheur violette du décor. Les murs sont pailletés, le sol est neigeux ; c'est le pôle nord avec 12° de chaleur. A droite et à gauche du tertre diamétral, les blancs fossoyeurs attaquent les tombes blanches. Ce n'est, autour de nous, que candeur liliale, virginale hermine, neige immaculée ; le travail silencieux n'est ponctué que par les « han » des équipes ; les marteaux pointus font des coups assourdis, d'un martèlement feutré et ouaté.

Au bout de la nef, nous escaladons des marches de sel, et nous pénétrons dans une nouvelle galerie qu'on amorce. Les murs y sont plus blancs encore, car c'est du sel pur qui sera détaillé en wagonnets. Une cabane de bois renferme les cartouches de dynamite ; à côté est assis le maître dynamiteur, un spécialiste, un Italien, domne Luigi, qu'on a fait venir de Milan. Ici, l'électricité n'est pas installée encore, et l'on est éclairé par des lampes romaines, des godets de fer où une mèche trempe dans l'huile. Les petites flammes tremblottantes font jouer et scintiller, comme des diamants montés sur de fins ressorts, les paillettes des parois.

Il se dégage des couches neuves une forte odeur de gaz et de pétrole. Le sol en est imprégné, car, non loin de là, ce sont les terrains pétrolifères de Campina et de Ploesti, et la voie ferrée est encombrée de wagons tubulaires en tôle boulonnée qui portent les mots *Pentru Petrol*.

Au moment de remonter dans la benne, des ouvriers nous offrent des cristaux taillés en presse-papiers, jolis cubes de glace veinés de trainées laiteuses.

Ces gens ont l'air bon, doux et triste. Ils sont très polis, comme craintifs.

La benne nous emporte. Les groupes des ouvriers se rapetissent par la distance ; on dirait de grosses fourmis blanches qui taraudent l'intérieur d'un immense pain de sucre.

****

A mi-hauteur, on nous arrête devant une galerie de bois qui surplombe un instant le gouffre blanc par un balcon accroché à la paroi, puis s'enfonce dans le sol gris, jusqu'à une balustrade de bois qui donne sur un abîme noir. L'ingénieur nous explique que nous dominons de là l'intérieur d'une mine épuisée et abandonnée, une ancienne poche ovoïde complètement vidée de son sel gemme.

— Regardez, fait-il.

A ce moment, du ciel noir, jaillit un éclair, et nous voyons passer devant nous un fagot embrasé, imbibé de pétrole, qu'on a jeté du sommet de l'œuf excavé. Le brûlot grésille avec fracas, et illumine pendant sa chute cet abîme aux flancs de cristaux, d'or et d'acier. C'est un éblouissement. Toute l'immense cavité apparaît, nef gigantesque, silencieuse, déserte et stérile, et les lueurs des flammes s'attachent aux angles et aux arêtes des menues aspérités de la muraille de sel. C'est impressionnant, ce vide et ce calme, cet abandon, ce trou de la fourmilière humaine qui est partie ailleurs. Tout le long de sa course, le brandon éclaire vivement la paroi étincelante, dessine l'ogive de la coupole éclatante comme une gigantesque tiare constellée de gemmes ; un effet des plus curieux est produit par des veinures régulières, arrondies, superposées, concentriques comme les ondes d'une interférence quand on jette une pierre dans l'eau. Elles vont en s'évasant, en s'élargissant, du sol au faîte, nettement visibles sur le mur de sel terreux, qu'elles zèbrent comme des zônes dessinées sur la coupe d'un chêne ; ce mur apparaît veiné, marbré d'un grand dessin d'une pureté et d'une régularité impeccables, semblable aux ellipses superposées tracées sur une épure savante.

La vision dure une demi minute ; le falot atteint le fond à 60 mètres au-dessous de nous, avec un fracas de canon répercuté sous la voûte sonore ; il s'éteint, et soudain la grande féérie n'est plus ; le trou redevient noir et impénétrable, mystérieux et redoutable ; des parcelles de feu voltigent encore ; tout au fond, les branchages achèvent de se consumer, avec des lueurs parfois ravivées de braises ardentes ; et c'est tout ; plus rien que les ténèbres et le silence de mort. C'est un des plus beaux spectacles qui puisse émouvoir un artiste.

**
*

Nous ressortons à la lumière bleue du jour.
On nous fait visiter les différents moulins con-
casseurs, et ceux qui disjoignent les blocs, et ceux
qui font la fine poudre de sel.

A la gare, où ces Messieurs me ramènent, je
retrouve un commis-voyageur allemand qui était
à l'auberge où j'ai déjeuné. Je note le fait. Toutes
les fois que je me suis trouvé dans une région
écartée, où je ne pouvais me faire comprendre
des indigènes, ni avec le français, ni avec l'allemand, j'ai toujours trouvé pour me tirer d'affaire
un commis-voyageur allemand, et nulle part un
Français. Les commerçants allemands s'entendent
à merveille à l'art de draîner les affaires dans un
bon pays. Ils envoient leurs voyageurs, comme
des colons, dans les régions lointaines et peu fré-
quentées, et ils râflent tout. Comme on ne voit
qu'eux, ils n'ont à craindre aucune concurrence.
La Roumanie est une riche part pour eux. Pourquoi n'y allons-nous pas ? Berlin est aussi loin
que Paris. Mais nos commis-voyageurs, s'ils
consentent à flâner et à bien vivre dans les hôtels
de nos villes de province, où ils prodiguent les
manilles, seraient terrifiés à l'idée de partir pour
les Karpathes : et cette timidité laisse toute la

place aux autres, — et une bonne place. Nos écoles de commerce devraient créer des bourses pour faire visiter ces pays à quelques-uns des élèves qu'elles forment : notre exportation cesserait alors de décroître dans les proportions inquiétantes qu'elle accuse aujourd'hui.

Je quitte Stanic, mais longtemps cette vision me poursuit, de ces centaines d'hommes attaquant, avec leurs marteaux pointus à manche souple, les blanches entrailles du sol, frappant, grattant, minant, arrachant des blocs de trois mètres, effritant l'immense dépôt, — fourmis souterraines qui émiettent la terre, et qui mettent trente-sept ans à forer une cloche de cent mètres, à peine une bulle creuse dans l'épaisseur de la croûte terrestre.

IX

En Province — Iassi — Craïova

---

*Iassi. — Les Juifs. — Les Etudiants. — Les Eglises.
— Les trois Hiérarques. — Influence néfaste de
Viollet le Duc. — Craïova. — En venant de Hongrie. — Une ville prospère. — Chasse au sanglier. — Beaux édifices. — Un hôtel consacré à
Minerve. — L'admirable parc de Craïova. — Une
doctoresse ès-lettres.*

Bucarest n'absorbe pas toutes les ressources
toutes les lumières, toutes les richesses du pays,
et il n'est pas moins intéressant de parcourir la
province, villes et campagnes.

Dix villes dépassent 20.000 habitants. Iassy a
77.759 habitants ; Galatz a 62.545 ; Braila a 56.000 ;
Craiova a 45.579 ; Ploieshti, 45.107 ; Botoshani,
32.521 ; Berlad, 24.310 ; Focshani, 23.601 ; Bouzeu,
21.877, et le grand port de Constanza compte
14.653 âmes.

Iassi m'a laissé le souvenir d'une ville jolie,

paisible, qui s'étale paresseusement au pied de lointaines collines.

La Gare, édifiée en 1867 par des Allemands en style gothique flamboyant, est la plus belle du pays.

Le trajet est assez long de la gare à la ville. On traverse des champs humides, des faubourgs : puis voici la grande place, avec, dans le fond, l'hôtel Trajan, dont la façade à arcades le fait ressembler à un théâtre.

L'intérieur est immense et vide. Le service est à la russe ; un poêle monumental, en faïence émaillée, surchauffe chaque chambre, dont le lit, de fer, peint en noir avec des bouquets de fleurs, n'a pour couvertures qu'un étroit couvre-lit auquel un drap parcimonieux est attaché par des boutons de nacre. La salle à manger est en même temps le café, la brasserie, le salon. Un jeune chevreuil apprivoisé court de table en table, grignotter les gâteaux qu'on lui prodigue : c'est l'hôte le plus gracieux de la maison.

Devant, c'est une large place provinciale, entourée de maisons basses, à peine égayée par la carotte rouge d'un pauvre bureau de *tutun* (tabac), et le plat de cuivre d'un coiffeur de village. Un libraire vend des cartes postales aux rares touristes, et des journaux allemands à tous les Hébreux.

Quand j'y fus, l'automne mettait une teinte
pâlie et fatiguée sur les choses. Les maisons,
basses et simples, prenaient des couleurs verdâtres. Les cochers russes et les fiacres minuscules,
comme à Moscou, rappelaient que nous étions
à un quart d'heure de la frontière (Ungheni).
Mon compagnon, le commandant Ghimpa, me
fit visiter la ville. Les rues sont larges, bordées
de maisonnettes. Nulle industrie, nul gros commerce. C'est le bric-à-brac de la Moldavie, dont
elle fut la capitale. Partout des brocanteurs, des
nippes, des houppelandes, de vieux harnais, des
déballages de hottes. C'est là qu'il faut venir pour
voir les types de vieux Juifs à la barbe roulée
et longue, aux cheveux gras et tombants, à la
lévite sordide, aux doigts maigres, osseux, cro-
chus, au nez bombé, aux besicles larges, à la démarche lourde, lente, prudente. Shylock court
les rues. Sa boutique regorge de vieilleries et de
bijoux. Parmi ses hardes, souvent, une belle
jeune fille aux yeux noirs, une jolie juive aux
belles dents, met de la grâce, de la poésie,
de la jeunesse dans ce fatras minable : c'est
sa fille. Dans dix ans, elle aura l'air d'une sor-
cière.

L'Université de Iassi est importante. La façade
à haute colonnade a grand air. Bâtie en 1860 sous
Alexandre-Jean Ier Couza, restaurée en 1896,

l'Université porte à son fronton cette belle inscription qui est un juste hommage :

-- A la tendre Mère du Peuple Roumain, à la Reine Elisabeth de Roumanie. Au génie littéraire et artistique qui a élevé et réchauffé les cœurs de tous. A Carmen Silva est dédiée cette plaque commémorative.

Les étudiants y suivent en nombre, les excellents cours de tous genres. Comme nous longions la grille, je me sens touché par une main à l'épaule, et j'ai joie à retrouver là un illustre professeur, l'historien Xenopol, toujours souriant, figure aimable, haute en teint, favoris blancs, cheveux d'argent, tout juste le portrait de notre Gaston Boissier.

M. Xenopol a écrit, en roumain, et en élégant français, de remarquables livres sur l'histoire de son pays. Il a créé une théorie élevée et personnelle de la philosophie de l'histoire.

Les étudiants mettent dans les rues l'animation de leur jeunesse et de leur nombre. Depuis vingt ans, on sent le souci d'une Municipalité qui veut réveiller la ville. Beaucoup de monuments ont été remis ou créés à neuf ; ils sont pour cette cité inégale de précieux embellissements.

C'est une ville studieuse, recueillie, savante, méditative.

Le Lycée créé en 1895 est un vaste monu

ment à trois étages, dont l'aspect dit l'importance.

L'Ecole Normale Basile-le-Loup a, dans sa simplicité architecturale, une couleur orientale qui s'accroche aux quatre tours à encorbellement.

Le Palais administratif ou Cour Princière, ancienne résidence des Princes de Moldavie qui y reposent depuis Lapusneanu Voda (1564) — (l'ancienne capitale était Suceava), date de 1881 ; il remplace quatorze édifices antérieurs quatorze fois détruits successivement par l'incendie.

Il loge d'importants services : Préfecture, Tribunaux, Cour d'Appel, Poste, Télégraphe, Caisse administrative, Archives. Ce fut jadis la Douane de la frontière tartare. C'est un immense édifice, dont la longue façade est renflée de place en place par des rotondes et des avant-corps, ceinturés de fins balcons en fer forgé. On traverse, pour y arriver, un terrain négligé, entouré d'une balustrade, — un futur parc. L'ensemble est imposant et important.

En face du Palais Administratif, la statue d'Etienne-le-Grand, flanquée de deux canons, a une martiale allure.

L'inscription du piédestal porte les dates des victoires d'Etienne, cet autre Alexandre ; elles sont en nombre : 1456 ; 1461 ; 1463 ; 1465 ; 1467 ; 1475 ; 1483 ; 1486 ; 1497 ; 1501 ; 1504.

Des bas-reliefs représentent les batailles contre les Turcs et les Polonais.

Il faut encore aller saluer, en pélerinage d'art l'immense Séminaire Veniamin, fondé en 1803 par le prince de Moldavie, Alexandre Moruzi ; — l'Eglise Saint-Sava, bâtie en 1625, par le bojar Jean Postelnicul, un des plus beaux specimens d'art roman, avec son toit à peine penché, le mur massif de son cube de pierre troué d'une porte armoriée, flanqué d'une tour carrée, basse, compacte, trapue, percée seulement de deux fenêtres en plein cintre, sous le toit ; — l'Eglise Barboiul, refaite en 1841, au fronton de style jésuite qui fut à la mode au XVIIe siècle : le triangle flanqué de deux urnes, en contraste avec les cinq coupoles byzantines, hautes, ajourées par les fines fenêtres latérales, et surmontées de croix de fer ; — l'Eglise Golia, bâtie en 1664, a de l'élégance. Dans la cour est un hospice d'aliénés. La tour contient l'aqueduc qui approvisionne la ville.

L'Eglise Saint-Nicolas Domnesc, fondée par Etienne-le-Grand, en 1500, a l'élégant aspect d'une nef extérieurement creusée en colombarium, dans le haut, surmontée d'un seul clocheton effilé. Jadis, on y disait l'office à deux autels, d'un côté en grec, et de l'autre en slavon.

Le Couvent Frumoasa fondé par Balica Nestor

et Mitrofana Urechie, restauré par Georges Ghica Voivod en 1658, étale dans la verdure sa masse large, hérissée de coupoles étroites, hautes et verdâtres. Elle renferme la sépulture des Ghica et des Sturdza.

Le buste de Grégoire Ghica, tué par les Turcs en 1777, est sur sa tombe monumentale, au Jardin Beilic.

La Caserne Copou construite en 1880, avec ses donjons crénelés, a de la fierté.

Nous passons devant le théâtre. Il est superbe, presque trop beau. Il date de 1896.

Il est neuf, monumental, au fait des progrès les plus modernes, façade imposante, avec colonnades et statues. De larges marches de pierre mènent à un ample péristyle de superbe allure ; la scène, est agencée avec tous les perfectionnements des dernières scènes allemandes, salle jolie, confortable, élégante. Tout cela sert si peu !

La Place du Théâtre est ornée par la statue du professeur Asachi, organisateur des Écoles, mort en 1869.

Dans le jardin du Théâtre, la fière statue de Miron Costin, en pelisse et toque de fourrure, longue barbe, air énergique, met une note héroïque toute vibrante des exploits du passé (1691).

**

Nous voici sur une sorte de grande avenue bordée d'un côté par des bicoques, et de l'autre par une succession de terrains vagues et de jardinets, au milieu desquels se dressent des monastères et des églises. L'une d'elles est une merveille : la basilique des Trois Hiérarques. Je la trouverais plus belle si elle était moins « battant neuf ». Cette chose très vieille est propre et luisante d'hier. Je n'aime pas les trop belles restaurations. Si je pardonne Pierrefonds à Viollet-le-Duc, c'est qu'il n'y avait rien là avant lui. Il a recréé, reconstitué, conjecturé : son manoir a le même genre d'intérêt que les reconstitutions du Forum romain par les architectes allemands. C'est de la vulgarisation instructive. Mais les Trois Hiérarques m'ont affligé, tant leur église est proprette, brillante, frottée, dorée. Des tuyaux modernes descendent le long des murs dans la rigole admirablement pavée ; le narthex est impeccable, et les fresques ont l'éclat des copies récentes. Les ors reluisent, les lampes sont polies, les pierres sont retaillées, et pas un losange ne manque dans le quadrillage des murs ciselés. C'est riche, somptueux, royal ; mais trop de fraîcheur donne l'impression d'une imitation, et je regrette les fresques fanées, les ors brunis, les iconostases patinés, les parchemins blêmis, les saints livres fatigués, les portraits brûlés par 'les lueurs des cierges, les icones luisantes et usées, les mosaïques éteintes, les coupoles aux peintures atténuées. Les marques du temps font partie de la beauté des vieilles choses ; la noirceur des pierres est sacrée, parce qu'elle est faite par le travail des siècles et l'accumulat des souvenirs.

Il ne faut pas souffler sur le duvet poudreux de la vétusté.

Bâtissez demain le Palais de Justice de Paris : on ne le regardera pas plus qu'un modèle ingénieux à l'usage des élèves et des masses.

J'ai regardé les Trois Hiérarques avec la nostalgie de la vétusté. J'ai bruni, assombri, estompé, éteint ces ors, ces blancheurs, cet éclat, et la vieille basilique m'est apparue dans la beauté de son antiquité, parée du frôlement des siècles, de l'usure des temps et du souvenir des générations.

Au milieu de ces pierres de jadis, une haute fresque, à gauche en entrant, résiste à ce travail de la pensée vieillissante, et garde, en dépit de tout, la fraîcheur de sa modernité. Elle représente le roi Carol I et son auguste épouse, le reine Elisaveta, dans l'attitude héraldique des fondateurs de dynasties.

La reine a la main gauche posée sur la tête blonde

d'une fillette de huit ans, sa fille, que le ciel lui a reprise toute enfant. (1) Il lui a imposé cette épreuve pour que la Roumanie connût quelle femme supérieure, quelle mère admirable, quelle héroïne est sa reine, qui sut grandir sa douleur à la hauteur de son rang, et donner à son peuple l'admirable exemple de l'énergie dans la souffrance, de la noblesse dans la résignation, de la beauté dans l'amour, et de la poésie dans la piété.

Nous sortîmes par les enclos et terrains vagues qui entourent là un vieux monastère. Puis, nous rentrâmes à l'hôtel en visitant encore quelques monuments et quelques ruines d'une ancienne splendeur. Où est le temps où Etienne le Grand fondait la belle église de Saint-Nicolas, et où Basile le Loup enrichissait la cité de basiliques et de tours ? A mesure qu'on connaît mieux la ville, elle vous attriste davantage. Tout y rappelle un passé éclatant ; tout y constate la léthargie actuelle. A part les étudiants et les Juifs, plus rien ne remue. Des hôtels ruinés évoquent les siècles où de riches familles de la noblesse moldave les habitaient. Tout s'est tu, et les pierres s'effritent. Les larges rues sont silencieuses. C'est Iassi la Morte.

Le soir, des cloches aux sons grêles égrènent dans le calme les notes tremblantes de leurs carillons

(1) Cf. tome I de cet ouvrage, pages 224-242.

monastiques. La vieille capitale de Moldavie s'endort, et il a fallu la Jacquerie de 1907, l'émeute des paysans surexcités par la misère, pour la faire sursauter et lui rendre, pour quelques jours, la vibration des âmes qui s'inquiètent et qui craignent. Mais c'est déjà tout. Iassi a repris sa hiératique somnolence, qui rêve des splendeurs et des gloires d'antan.

*
* *

Vous ne connaissez pas Craiova, même de nom. Vous cherchez dans le Larousse, et vous lisez : « Craiova, ville de la Turquie d'Europe. » C'est à peu près comme si l'on disait : Copenhague, ville de Norwège, car Craiova est une ville roumaine fort éloignée de la Turquie, et proche de la Hongrie, en pleine Petite Valachie. C'est la ville la plus importante entre la frontière roumano-hongroise et Bucarest.

Et voilà comme on est renseigné, et comment nous ignorons une ville de 45.000 habitants, riche, industrielle, prospère, bien située sur le Jiu, affluent du Danube, reliée aussi à ce fleuve par le chemin de fer qui va à Calafat, vis à vis de Vidin (Bulgarie), où le roi Carol I se signala par ses exploits.

Craiova est l'ancienne capitale de l'Olténie, fondée au XIIIᵉ siècle sous la dynastie des Bessaraba, en face des collines qui bordent la rive droite du Jiu. Rodolphe le Noir, fondateur de l'Etat valaque, y résidait en 1215 ; Mircea, de 1394 à 1411 ; Etienne le Grand, de 1457 à 1593 ; Michel le Brave, de 1593 à 1601 y séjournèrent. En 1822, après le départ des princes phanariotes imposés par les Turcs, le prince de Valachie, Grégoire Ghica, y fit de fréquents séjours. Il eut pour successeur, en 1842, un prince originaire de Banat de Craiova, le prince Georges D. Bibesco, qui abdiqua en 1848.

J'ai passé trois jours à Craiova ; c'est assez, mais ce n'est pas trop. Ce fut ma première halte et mon premier contact avec la Roumanie. J'avais quitté Budapest la vieille au soir. Je me réveillai dans les Alpes de Transylvanie ; c'était en décembre ; le soleil rendait la neige rose, et le paysage avait la douce mélancolie de la campagne endormie jusqu'au printemps. Par les vitres du wagon, on voit les montagnes lointaines estompées dans une brume mauve ; les cimes se découpent sur un ciel gris de lin ; la terre est rude en mottes gelées, marbrées de neige. De temps en temps, on croise des agglomérations de huttes en terre, auprès de puits qui ont un grand levier de bois dressé en l'air. Aux gares, les horloges sont en avance de deux heures sur Paris. Les mots roumains ont des sonorités amusantes. *Hommes* s'écrit *Barbati*, les Barbus. Un refrain d'Offenbach chante dans la mémoire.

Aux haltes, on fait les cent pas le long des wagons tout dentelés de stalactites de glace. A un passage à niveau, une noce attend le passage de l'express. C'est une file de voitures dont la première est voilée de blanc avec du bleu et de l'or. Les femmes ont des chevelures d'or, comme des ondines d'opéra. Des jeunes gens portent des cœurs en pâte au bout de bâtons. Cette pompe, en rase campagne toute déserte et glacée, ne manquait pas de pittoresque.

Dans les villages, les paysans sont vêtus de peaux poilues, coiffés d'un bonnet pointu blanc, chaussés de jambières de laine. Il en passe qui portent des seaux coniques cerclés de cuivre aux bouts d'une perche cintrée posée sur l'épaule. Sur les routes on voit parfois des files de carrioles dont les essieux ont des contreforts ; ce sont des paysans qui vont en troupe au marché. Ils suivent à pied, escortés de gros chiens. On dirait une tribu nomade qui se déplace.

La ville de Craïova est la première sur la route. Elle donne l'impression d'une cité aisée et laborieuse. Un Roumain me disait :

— Il y a ici quarante-deux familles qui ont un million de revenus.

Ils chassent beaucoup. Il y a de l'ours, du sanglier, du renard ; des loups, en hiver, viennent jusque dans les faubourgs. J'ai vu un chasseur rentrer en ville ; il avait, dans la voiture, les pieds posés sur un sanglier gros comme un âne. Cette entrée à la Falstaff n'étonnait personne.

La grand'rue est bordée de maisons neuves d'une architecture recherchée, modern style, avec des baies à trois vantaux et à fines colonnettes.

Des édifices sont importants : le Palais de Justice étale la masse imposante de sa carrure de pierre à péristyle grec. Le Lycée Carol I met à l'angle de la rue la courbe heureuse de sa rotonde à cinq portes, couronnée d'une coupole. L'église Saint-Ilie — une prébende de 226.000 francs — dresse au-dessus de ses murs zébrés, ses clochers qui enserrent une large coupole.

L'église Saint-Demètre, aligne dans la verdure la réglure de ses lignes blanches et rouges, d'où fusent des belvédères. Près de là, l'on va visiter le vieux monastère Bucovetz et, plus près, l'église Bucovetz étale ses murs renflés à damier.

Beaucoup de fort belles habitations. Par contre, dans les faubourgs, les maisons, basses et pauvres, ont l'air d'avoir été jetées au hasard, dans un terrain vague.

Dans les rues, de gros paquets de fourrures blanches cheminent ; ce sont des gens du peuple. Les femmes ont tant de jupons enfilés l'un sur l'autre, qu'elles semblent vêtues de lourdes et larges crinolines, et ressemblent à de grandes sonnettes.

L'hôtel s'appelle *Minerva*, comme si la chouette de la studieuse patronne de la Grèce planait sur cette ville d'habitants actif. et modernes : nous en constaterons tout à l'heure l'influence.

Le théâtre est indigne du reste ; la salle est modeste, avec une menue décoration de style empire ; la scène et les coulisses feraient honte à un music-hall de province.

Un théâtre neuf est à l'étude. Il ne sera pas inutile.

****

Craïova possède un parc fameux, le Parc Bibesco, dessiné par un de nos compatriotes, l'architecte paysagiste E. Redont, sur l'emplacement de l'ancien domaine du prince Bibesco, du quartier de Calafat, du quartier tzigane, et d'un plateau appartenant à la commune.

Le prince Georges D. Bibesco avait donné son palais et son domaine à la ville de Craïova en 1852.

Le parc fut délaissé, abandonné, ravagé, envahi par les tziganes, souillé par des dépôts d'immondices, de fumier, d'ordures qui en firent un foyer d'infection ; les miasmes constituèrent un danger pour la santé publique.

L'Administration communale décida dé remédier à cet inconvénient par l'aménagement d'un parc moderne qui fut commencé en 1898, et pour lequel fut contracté un emprunt de 2.330.000 francs. Les marais furent desséchés, le terrain exproprié ; les tziganes furent transportés dans le coquet village de Baltaverde ; 94.000 mètres cubes de fumier furent déplacés et enfouis ; des lacs et une rivière furent creusés, des avenues dessinées, des massifs forestiers furent plantés, des rochers furent apportés, des cascades furent ménagées ; un pont suspendu fut jeté sur la vallée Fétéï ; un champ de courses fut disposé, des pépinières et serres furent créées, et de grands boulevards relièrent le parc à la ville. L'inauguration eut lieu en 1903. Actuellement, c'est un vaste jardin qui fait penser aux Buttes-Chaumont, et qui est dix fois plus étendu. C'est une petite province pittoresque, avec reliefs variés, belles avenues ombragées, macadamisées, à bordures de basalte, avec canivaux et puisards ; une importante canalisation et un monumental château d'eau alimentent les cours d'eau, et permettent l'arrosage.

La surface du parc est de 200 hectares. C'est toute une région, vallonnée, verdoyante, sillonnée de cours d'eau, rafraîchie par des lacs et des bosquets, des pelouses et des fourrés ; des bancs, des kiosques, des abris y mettent la commodité du repos ; le soir, des phares électriques font une lueur lunaire. Des ouvrages sont considérables, comme le pont suspendu, aux culées assises sur des roches et couronnées de portes crénelées ; des clôtures normandes ont de la grâce ; des ponts en rochers artificiels, des passerelles en bois de sciage, des ponts rustiques, un parc aux daims et aux mouflons, des pavillons normands, des abris coquets pour les bateaux, des belvédères, une rotonde d'où la vue s'étend sur toute la vallée du Jiu jusqu'aux Monts Negru et Vulca-nuliu dans les Alpes de Transylvanie ; une laiterie, des caps, des pics, des éboulis de rochers, font un décor merveilleux pour la promenade et la rêverie. Des cygnes fendent l'onde des lacs ; un museum, un aquarium, un jardin botanique offrent un vaste champ aux études des naturalistes ; toutes les variétés de roses mettent la poésie de leurs nuances dans le Rosetum ; des balustrades en ciment imitent le bois en grume et écorcé. Des cascades bondissent sur des roches de Gura Viei, hourdées en mortier de ciment ; si on les superposait toutes en hauteur, elles formeraient une chute de 22 mètres. L'île Princesse Marie est délicieusement touffue, avec un coquet pavillon de chaume ; le mont Carmen Silva porte fièrement son temple de la Sibylle : si l'on ajoutait bout à bout tous les cours d'eaux du parc, ils formeraient un fleuve de deux kilomètres de long, avec une largeur variant entre un et quatre mètres. Les travaux de terrassement ont été gigantesques, et aussi ceux de nivellement, de forage, d'égouts, de canalisations. Les berges sont enrochées sur pilotis. Le champ de courses est vaste et bien aménagé ; il sert, en été, à de brillantes réunions. La plaine des sports offre à la jeunesse une arène idéale.

L'ensemble est imposant et gracieux. La promenade y est charmante, infinie. On a une impression de calme, de lointain, de silence, de poésie romantique. C'est immense et coquet, colossal et soigné ; des coins apparaissent soudain, aimables et riants comme des morceaux détachés de la Normandie, en pleine vallée du Danube ; les pavillons des gardiens semblent avoir été apportés de Trouville ; les kiosques à musique, les buvettes, les bancs-abris, les grottes, les embarcadères, les champignons abris, les tennis, les poteaux indicateurs, les montoirs, tout le détail constate le souci du confortable artistique ; et c'est la tour de Trajan en ruines qui abrite le moteur électrique. Tout est ingénieux, joli, pittoresque, d'une rusticité étudiée et bien tenue ; c'est un des plus beaux parcs où l'on puisse venir rêver et errer.

* * *

Au centre de la ville, le Jockey-Club est agréablement installé, et l'hospitalité y est exquise. Je n'ai pas oublié un souper qui m'y fut offert, et j'entends encore les voix chaudes et sympathiques de mes hôtes, les toasts tout vibrants de l'amour de la France, dits avec émotion par le Général Gigurtu, le colonel Seulesco et d'autres convives : on y sentait frémir la sympathie dévouée et la reconnaissance d'une ville qui accorda le titre de citoyen à Michelet, pour avoir soutenu la cause de l'Indépendance.

Un autre souvenir m'est resté encore, celui d'une réception intime chez le Vice-Président du Jockey-Club, M. N. N. Popp. La maison est jolie, cossue, aisée et claire, spacieuse et blanche. L'accueil y est charmant.

La jeune et gracieuse hôtesse est une savante ; elle a étudié à Paris, et elle est doctoresse ès-lettres. Elle a passé sa thèse sur un sujet d'archéologie. Il n'est pas banal de trouver ainsi, au débarquer, au pied des Alpes de Transylvanie, entre les Karpathes et le Danube, une historienne avertie de la plastique grecque, et de parler de Strabon, de Pausanias, des *Attica* de Wordsworth, de travaux de Haussoulier, de Rayet, de Cartault, de Pottier, avec une jolie érudite blonde, qui sait le latin, le grec, le français, l'allemand, le roumain, et qui est l'auteur d'un volume in-quarto, illustré des documents graphiques dont elle a établi la critique.

En Amérique aussi, on trouve des cas analogues de femmes du monde, riches et savantes. C'est le fait de peuples jeunes, ou récemment nés à la science. L'esprit bouillonne, l'enthousiasme devient impatience ; les âmes élevées, délicates, sont avides de savoir, et se hâtent vers les sources des Muses ; c'est la même fièvre qui agita les intelligences à l'époque de la Renaissance Latine ; la curiosité précipita les facultés vers les trésors de vérité et de beauté, et la science fut une religion dont le culte fut élégant et fervent. La Roumanie a émergé depuis à peine un demi-siècle au niveau des nations modernes, et la lumière divine a fasciné jusqu'aux esprits des jeunes filles éprises de savoir, d'affranchissement et d'idéal.

Et voilà qui est digne d'une ville où Minerva reçoit les honneurs d'une enseigne de grand hôtel.

X

Adieux

—

En quittant la Roumanie, je laisse dans ce beau pays une part de moi, faite d'affection, de gratitude, de regret. Le bateau a quitté la rive, et ma pensée ne s'est pas encore détachée de ces bords. Elle s'attarde et vagabonde, éprise et prise par tant de marques amicales ; elle revoit Sinaïa, où le roi fut si cordial, où la reine fut si attrayante, où les familiers du Palais furent si charmants ; elle revoit Cotroceni, où un prince aimable et la plus accomplie des princesses vivent dans une féerie d'art et de rêve ; elle retourne à Bucarest, où je laisse de bons et chers amis, qui ne sont pas seulement les miens : ils sont les amis de la France.

Nous aurions, à les négliger, le double tort de l'ingratitude et de la maladresse. J'ai esquissé rapidement et hâtivement un Croquis de la Roumanie Contemporaine. Elle n'est plus ce que nos pères ont dit. Le temps marche, et c'est nous qui serions les retardataires en nous en tenant aux vieux portraits d'autrefois.

La Roumanie s'est réveillée et son activité féconde la signale à l'Europe. L'Allemagne et l'Autriche n'ont eu garde de la négliger : la Roumanie les enrichit. Approchons-nous aussi, assurés que nous sommes d'être reçus à bras ouverts.

****

Le train file vers la frontière bulgare.

J'arrivai à Giurgiu dans la matinée. Là, le train de Bucarest vint se ranger le long du Danube, large comme un bras de mer. C'est la plaine déserte. Il n'y a auprès de nous que les quelques baraquements de la gare, de la douane, et de la police pour le visa des passeports à la sortie de Roumanie. Il n'y a pas de pont. Il faut traverser le fleuve sur le bateau à vapeur accoté à son embarcadère. Un mercanti vend des petits pains en forme d'anneaux, semés de grains de kummel. La ville est loin. Des champs mornes à perte de vue. A l'autre rive, on aperçoit le train bulgare qui attend les voyageurs, puis, près de là, les minarets de la ville de Roustchouck, un des centres industriels les plus actifs de la Bulgarie, avec Tirnovo. A l'horizon, les Balkans dressent leur muraille sombre.

La traversée dure une demi-heure. Au large, sur le bateau encombré de malles et de valises, de Roumains et de Bulgares, j'admire le cours majestueux du gris Danube, que je revois après l'avoir déjà salué à plusieurs endroits de sa route, à Ratisbonne, à Passau, à Linz, à Vienne, à Pesth. Je le retrouverai à Belgrade. Il est le roi de l'Europe centrale.

A mon entrée en Roumanie, il mugissait dans l'étroit et sauvage défilé des Portes-de-Fer.

A ma sortie de Roumanie, il s'étale puissant et imposant au centre d'une vallée riche et fertile.

C'est le symbole le plus enviable des destinées : le triomphe, la fortune, le repos, après les heures de lutte et de labeur.

Ce n'est pas le Beau Danube Bleu, ce stupide et légendaire héros des valses populaires, c'est le large Danube qui fertilise l'immense vallée, et véhicule le travail des humains, le Danube gris, rude compagnon des peuples rajeunis et laborieux, le vrai Danube des vieilles légendes roumaines :

« Danube ! Danube ! chemin sans poussière ! »

XI

Les Roumains à Paris

———

*Aperçu des relations de la France et de la Rouma-
nie. — Le premier Roumain en France, Ronsard. — Sous les Phanariotes. — La Révolution
et l'Empire. — Le rôle de la France dans l'Indépendance roumaine. — Roumains et Polonais à
Paris. — Frédéric Chopin et les Roumaines. — La
Roumanie aux Expositions Universelles de Paris.*
*Les relations des voyageurs roumains à Paris. — Les
mémoires de Nicolas Kretsulesco. — Impressions
de quelques-uns : Philippesco, Ad. Xénopol, Sandu
Aldéa, Tafrali, Steuremann, Fagure, Ionesco, Gion,
Archibald, Mestugeano, Léon Lahovary.*
*Les Mécènes de l'Alliance franco-roumaine. — Les
chaires roumaines à Paris. — Les artistes. — Les
critiques d'art : Mlle Marie Bengesco. — Les écrivains : M. Georges Bengesco, P. Eliade, Apostolesco, Emma Sakelaridès, A. Sturdza. — Les
savants : Michel Soutzo, Vaschide, etc. — Les étudiants roumains. — Le cercle de la rue Dante. —
Le home de la rue Pierre-Curie. — La légation*

roumaine. — Le consulat. — La chapelle rou-
maine de la rue Jean-de-Beauvais.
Conclusion.

Après avoir quitté la Roumanie, je l'ai retrouvée à Paris, dans la colonie roumaine, parmi les nombreux étudiants, artistes, écrivains, diplomates qui représentent, parmi nous, nos frères latins du Danube.

C'est une vieille tradition pour les Roumains de venir étudier, séjourner, s'amuser à Paris. Elle remonte à des temps anciens.

Ce serait entreprendre une histoire générale des relations de la France avec l'Europe orientale que de raconter les voyages faits de tous temps à Paris par les Roumains et leurs aïeux.

Les rapports entre Paris et les pays moldovalaques remontent assez loin. L'un des premiers Roumains qui soit venu chez nous paraît être un ancêtre de notre grand poète Ronsard. Qui a pu faire naître la pensée que Ronsard est d'une famille roumaine ? C'est Ronsard lui-même.

Dans sa célèbre autobiographie en vers, il le déclare formellement : son ancêtre a tiré sa race d'où le Danube est voisin de la Thrace. Il y eut là un riche marquis de Ronsard dont le fils assembla des compagnons, traversa la Hongrie et la Basse Allemagne, la Bourgogne, la Champagne, et vint mettre

13.

ses armes au service de notre roi Philippe VI de Valois guerroyant contre les Anglais.

Le plus ancien biographe de Ronsard, Claude Binet, confirme le fait. Ce Roumain s'appelait Beaudoin et prit part à la bataille de Crécy en 1346.

Les contemporains de Ronsard ne mirent pas cette origine en doute. Dans son oraison funèbre, du Perron l'affirma publiquement en 1586. Il n'hésita pas à assigner à la famille Ronsard comme pays d'origine « la Moravie, province située entre la Pologne et la Hongrie ».

De même, dans son oraison funèbre en latin, *laudatio funebris,* le P. Critton parla du capitaine roumain qui combattit au service du roi Philippe de Valois et qui était fils d'un comte de Ronsard. Orphée étant mort en Thrace aux bords du Strymon, le rapprochement était heureux : Ronsard était l'Orphée gallois.

Au XIXe siècle, la même thèse fut soutenue par M. de Rochambeau, qui dit avoir trouvé des traces de ce Beaudoin de Ronsard dans des chartes de 1328 et 1340.

En Roumanie, cette version ne rencontre que sympathies et approbations.

Le grand poète national Alecsandri a composé en l'honneur du capitaine roumain Ronsard un fort beau poème de 106 vers. On y voit cet héroïque soldat mettre son épée au service de Philippe de Valois à qui il dit :

« Je suis un Roumain des Carpathes — et j'amène avec moi cinquante guerriers — qui sont prêts comme moi — à mourir pour votre cause — en défendant de leurs bras — la France et son honneur !

« Ma patrie m'a doucement murmuré, — elle m'a dit mystérieusement une nuit : — Va, enfant, tout armé — vers l'Occident lointain, — va répandre ton sang — pour la France en pleurs, — car elle aussi, plus tard, — viendra à ton secours.

« Surpris, le roi lui dit : — « Sois le bienvenu, mon brave ! — Mais dis-nous qui tu es — Comment t'appelles-tu dans les Carpathes ? » — « Je suis le bane Maracine, — auquel obéit l'Olténie. » — « Reçois mon épée comme cadeau, — brave marquis de Ronsard ! »

C'était au moment où l'opinion publique en France, sous Napoléon III, soutenait la cause de l'indépendance roumaine contre les Turcs. France et Roumanie se traitaient affectueusement comme deux sœurs latines. Le poème d'Alecsandri devint vite populaire.

En 1909, M. Ceresne a écrit un roman d'aventures : *Le Chevalier de Ronsard*, qui fait revivre toute cette époque héroïque.

Naturellement, le marquis de Ronsard ne portait pas dans son pays ce nom français. Il s'appelait Le Ban Maracine.

Ban veut dire Seigneur. Maracine veut dire Ronces : d'où Ronsard.

Cette histoire est si séduisante qu'on est comme peiné de la voir révoquée en doute.

La première attaque fut portée par ce grand sceptique et démolisseur Bayle, dans son Dictionnaire. Sans preuves, il accusa Ronsard de mensonge. Sa famille, prétend-il, était parfaitement obscure. Il a inventé ce conte pour la rendre plus reluisante.

Ce démenti ne fut pas relevé.

Il fut repris en 1874 et confirmé par Chabouillet.

Mais c'est surtout depuis deux ou trois ans que Ronsard est suspecté. On le taxe de hâblerie.

En 1902, M. Pessiacov, dans son *Histoire de Craïova*, observa qu'au temps de Philippe de Valois, il n'y avait que deux seigneuries. le banat de Séverine et le banat de Maceturilé, qui est encore dans la famille de Bassarab. Pas de Ban Maracine. Mais est-ce prouvé ?

En 1910, M. Henri Longnon signale une famille Ronsard en France dès le xi⁰ siècle, trois cents ans avant Crécy.

M. Froger trouve en 1293 un Olivier de la Poçonnière, qui est le nom de la famille Ronsard.

M. Jean Martellière, dans les *Annales Fléchoises* et dans le *Bulletin de la Société archéologique du Vendômois*, prétend que Ronsard ne doit rien à la Roumanie.

M. Paul Laumonier, dans son édition critique des *Trois Discours de Claude Binet sur Ronsard*, traite cette version roumaine de fable. Il n'y a jamais eu de marquis de Ronsard : le père du poète était chevalier, et son grand-père était simple écuyer.

Dans l'*Intermédiaire* de mai 1911, M. de Saint-Venant estime que l'origine roumaine de Ronsard a autant de vérité que le conte de la fée Mélusine. C'est une invention qui a germé dans la cervelle poétique de Ronsard lors de son voyage en Roumanie en 1540.

Telles sont les deux opinions. Pour ma part, je n'hésite pas. Je me range à l'avis de Ronsard lui-même et de ses contemporains. Les réfutations me paraissent toutes faibles et discutables. Le voyage même de Ronsard en Roumanie ressemble à une attirance vers un berceau. Peut-être bien le Ban Maracine n'était-il pas Ban, et alors le marquis de Ronsard ne serait pas marquis. Qu'importe ? Il serait véritablement fantastique qu'une généalogie de cette envergure ait été forgée de toutes pièces et sans l'ombre d'une tradition de famille.

Au contraire, il nous plaît que le grand poète Ronsard nous soit venu du pays d'Orphée. La Roumanie nous doit beaucoup : il nous plaît de lui être redevable d'un capitaine qui nous a prêté son épée, et d'un génie qui fut le premier champion de la culture française.

Grégoire Ghika (1), hospodar de Valachie, eut avec Louis XIV une correspondance dans laquelle il se met à son service.

Nous savons que des relations commerciales existaient jadis. La fine toile que tissent les femmes roumaines était appréciée en France et Mme de Pompadour faisait venir de Moldavie des toiles et des broderies dont elle aimait l'art et la douceur.

Constantin Brancovan (2) fut en relations avec la Cour de France. Sous les Princes Phanariotes (3), et surtout pendant le règne de Nicolas Mavrocordato (4), les relations se multiplièrent.

L'un des principaux effets de la domination grecque dans les Principautés danubiennes avait été, au xviiie siècle, une vive impulsion des esprits vers la civilisation française.

« La Porte choisissait, d'ordinaire, parmi les anciens dragomans, les princes Phanariotes qu'elle envoyait gouverner la Valachie et la Moldavie. Or, depuis que, dans la pratique diplomatique, la

(1) 1660-1664.
(2) 1709-1710.
(3) 1711-1821.
(4) Prince de Valachie, 1668-1714.

langue française s'est substituée à la langue latine,
les dragomans étaient tenus d'apprendre et de
savoir le français, et, une fois nommés hospodars,
ils s'empressaient d'attacher à leur personne des
secrétaires et des rédacteurs d'origine française.
C'est en cette qualité que de la Roche, Nagny,
Simian, Tissandier, Durosoy, Clémaron, Martinot,
Ledoulx, et, après eux, Laurençon, Recordon, Mon-
doville, etc., entrèrent au service des princes Phanariotes qui se sont succédés dans le gouvernement
des Principautés. Les boyards indigènes suivirent
l'exemple des princes et confièrent à des précep-
teurs français le soin d'enseigner à leurs enfants les
premiers éléments d'une langue qui, moins d'un
siècle plus tard, devait devenir d'un usage courant
dans toutes les classes aisées de la société roumaine. » (1)

Cette diffusion du Français fut telle qu'elle
inquiéta l'orthodoxie par le danger d'énerver la foi
au profit de la libre-pensée en faveur en France.

Le Patriarche de Constantinople menaça de la
colère du Ciel tous ceux qui, dans les Principautés,
liraient les œuvres de Voltaire.

La Moldavie et la Valachie gémissaient sous le
joug tantôt russe, tantôt turc, et, comme ailleurs, la
Révolution française fit vibrer des espoirs ardents

(1) G. BENJESCO.

d'indépendance. Nicolas Dudesco fut envoyé en émissaire à Paris. Son séjour y est resté célèbre et le prince Demètre Ghika, dans son livre *La France et les Principautés Danubiennes*, en a recueilli d'amusants souvenirs. Dudesco avait résolu d'étonner Paris par son luxe et, voulant montrer aux Parisiens ce qu'est le traînage en hiver, il fit faire par des confiseurs, dans une allée des Champs-Elysées, un chemin de sucre pilé sur lequel il passa avec son traîneau et ses trotteurs. Il eut des relations brillantes et sut attirer à ses fêtes le Tout-Paris : Mme de Staël, Mme Récamier, le général Poniatowski. Les Principautés Danubiennes, à ce moment, connurent à Paris des heures de célébrité.

Pendant ce temps, la Cour de Bucarest jouait à toutes sortes de jeux importés de Paris ; l'hospodar lui-même, élevé par un Français, ami des Français, parlant notre langue aussi facilement que nous, entouré d'une demi-douzaine de nos compatriotes expatriés, dont il avait fait sa société intime, leur donnait l'exemple.

Le prince Alexandre Soutzo, hospodar de Moldavie, fut placé par Napoléon sur le trône de Valachie. Pendant tout le Premier Empire, la fortune des armes de Napoléon Ier régla le sort de la Moldo-Valachie vis-à-vis de la Russie. L'empereur ne perdait pas de vue ce pays qui était dans sa politique un utile contre-poids à opposer aux ambitions russes et autrichiennes. Et déjà, Roumains et Roumaines venaient à Paris prendre le ton de la mode et semer les premiers germes de l'amitié franco-roumaine.

Dès 1803, Georges Bogdan, « noble moldave », étudie la jurisprudence à Paris ; en 1820, la Faculté de Droit de Paris confère le diplôme de docteur à Pierre Demanega, de Bucarest, et en 1833, à Démétrius Philippesco. En 1824, Constantin Golesco conduit lui-même ses enfants en Suisse, et les confie à Rodolphe Topffer, l'auteur des *Nouvelles génevoises*. A son retour en Roumanie, il publie ses impressions de voyage, dans lesquelles il vante les avantages de l'éducation occidentale, et conseille à ses compatriotes de faire passer dans leur langue les ouvrages les plus utiles des littératures étrangères. Vers la même époque, Barbo Stirbey et Georges Bibesco, les deux frères qui devaient successivement régner plus tard, en qualité d'hospodars, sur la principauté de Valachie, achèvent leurs études en France (1817-1825), en même temps que Pierre Poënaro, à qui allait être confiée, en 1832, la direction générale des écoles de Valachie. En 1837, Michel Anagosti publie à Paris la première brochure écrite par un Roumain sur la Moldavie et la Valachie, tandis que Michel Kogalniceano, le futur homme d'Etat roumain, fait paraître en français, à Berlin, le tome I de son *Histoire de la Vala-*

chie, ainsi que son *Esquisse sur l'histoire, la langue et les mœurs des Tsiganes*. Enfin, en 1839, Nicolas Kretzulesco et Louis Steege, qui tous deux devaient être un jour les conseillers des princes Couza et Charles de Hohenzollern et leurs représentants à l'étranger, sont reçus docteurs par la Faculté de Médecine de Paris.

Michel Sturdza mit la langue française dans le programme des écoles roumaines.

Recordon, Laurençon, Lejeune faisaient mieux connaître à la France les Provinces Danubiennes, où ils avaient séjourné (1) ; Beldiman traduisait l'*Oreste* de Voltaire et le *Numa Pompilius* de Florian (1820), et Léon Asaky la *Chaumière Indienne* de Bernardin de Saint-Pierre (1821). Mais c'est surtout à partir de 1829 que se multiplient les traductions des auteurs classiques français.

Le prince Grégoire Ghika ramena de Paris, comme secrétaire, Grenier, diplomate français, traducteur de Henri Heine, qui disait déjà, à son retour en France : « En aucun coin de la terre, je n'ai vu la France plus aimée qu'en Roumanie ».

M. Gr.-N. Philipesco a marqué d'un trait juste et spirituel l'œuvre de Grenier :

(1) *Lettres sur la Valachie*, par RECORDON, Paris 1821. — *Nouvelles observations sur la Valachie*, par LAURENÇON, Paris 1882. — *Voyage en Valachie et en Moldavie*, par LEJEUNE, Paris 1822.

« Grenier nous raconte qu'au moment de la guerre de Crimée, alors que certains pensaient que les troupes françaises traverseraient la Moldavie pour se rendre devant Sébastopol, l'enthousiasme était tellement grand dans les Principautés que l'on voyait des seigneurs, tels que Zizin Cantacuzène, promettre des bourses remplies d'or au premier soldat qui franchirait le territoire roumain, tant il avait hâte de revoir l'uniforme français. Mais Grenier ne fut pas un simple observateur ; il joua un rôle assez important comme conseiller du Prince Ghika. »

Et déjà la Cour Moldave ébauche des projets d'organisation administrative, financière, militaire, à l'instar de la France.

A partir de 1848, la Moldo-Valachie et la France s'unissent d'une affection étroite qui s'accrut sous le Second Empire. « Mes chers Roumains », disait Napoléon III. A Stuttgard, à Osborn, l'empereur travaille pour eux. « M. de Thouvenel, dit encore Gr.-N. Philippesco, l'ambassadeur de France à Constantinople, se demande dans ses mémoires comment Napoléon III a pu sacrifier des intérêts nationaux pour une cause étrangère. C'est que l'Empereur n'a cherché dans l'Union des Principautés aucun de ces avantages mesquins habituels à la politique, aucune de ces compensations honteuses dont l'histoire déborde ; il a soutenu un peuple qui lui était cher par ses origines, par ses souffrances, par la droiture de sa cause, par son amour pour la France. Et lorsque notre Parlement, en 1870, a déclaré que « ses sympathies étaient là où flottait le drapeau français », ces représentants de la nation entière ont voulu montrer que le peuple roumain n'était pas un ingrat, qu'il savait se souvenir et qu'il tenait à montrer ses sympathies pour la France, non pas à l'heure de ses triomphes, mais au moment où, vaincue, elle était abandonnée par l'Europe tout entière. »

Sans prétendre instaurer l'histoire des relations de la France et de la Roumanie, comment ne pas rappeler le rôle que joua la France dans la genèse de l'indépendance roumaine ! Il suffit de parcourir les histoires du Second Empire, le bel ouvrage d'Emile Olivier, les Correspondances de Thiers pour en prendre une idée.

Michelet, Edgard Quinet, Bataillard, Ubicini, Saint-Marc de Girardin sont les noms qui reviennent sans cesse alors dans les feuilles publiques.

De 1849 à 1856, Héliade, Balcesco, Golesco, Bratiano, Ion Ghika, Bolintineano, Bolliac, etc., aidés de quelques philo-roumains convaincus, tels que Vaillant, Ubicini, Bataillard, Colson, Elias Regnault, Armand Lévy, etc., et encouragés par les sympathies de Lamartine, de Michelet, de Quinet, de Royer-Collard, de Philarète Chasles, firent entendre à Paris, en faveur de la cause roumaine, des appels répétés, chaleureux, éloquents, dont l'écho retentit, dans les premières années de l'Empire, jusque sous la voûte des Tuileries.

La communauté d'aspirations et d'espérances rapprochait naturellement les Roumains et les Polonais de Paris. Tous, ils avaient devant les yeux un mirage éblouissant d'affranchissement et d'indépendance.

Chopin, qu'on vit pendant vingt ans dans tous les salons de Paris, fut lié avec des Roumaines, surtout avec la Princesse Soutzo. Elle était la fille de la Princesse Obreskow, dont il écrivait à ses parents le 20 juillet 1845 : « Elle est un grand amateur de musique. Elle me donne souvent des preuves de son grand cœur..... Elle a un excellent cœur : elle m'est très chère. Sa fille, la Princesse Soutzo, est mon élève. »

Dans les papiers de Chopin, réunis et publiés par Karlowicz, il y a une lettre de la Princesse Catherine Soutzo, qui habitait alors rue Saint-Lazare, cité d'Orléans. Elle s'excuse de n'avoir pas pu venir prendre sa leçon. Dans les lettres de Mlle Jane W. Stirling, celle-ci nomme également la Princesse Soutzo parmi les admiratrices de Chopin.

« Le long séjour des émigrés roumains en France, les relations de plus en plus suivies qu'ils avaient entretenues jusqu'au moment de leur rentrée dans

leur pays avec les membres les plus marquants du
Parlement et de la presse ; le bruit qui s'était fait
autour de la question des Principautés, à l'occasion de l'expédition de Crimée ; le succès des armes
françaises sous les murs de Sébastopol ; les idées
bien connues de Napoléon III sur l'émancipation
des peuples et sur la reconstitution des nationali-
tés ; l'accueil bienveillant que le souverain avait
fait à plusieurs mémoires qui lui avaient été pré-
sentés par différentes personnalités en vue du
monde politique roumain ; l'initiative prise par le
baron de Bourqueney de proposer aux conférences
de Vienne l'union des deux Principautés danubiennes sous un prince choisi dans une des familles
souveraines de l'Europe ; toutes ces circonstances
favorables avaient rendu la cause du peuple roumain de plus en plus sympathique à la France et
n'avaient pas peu contribué à donner en Roumanie un nouvel éclat au prestige du nom français.

« L'effet produit en Roumanie par la politique du
Gouvernement impérial à notre égard avait été si
considérable qu'un mouvement irrésistible poussa
vers cette terre de France, d'où nous étaient venus
la délivrance et le salut, une grande partie de la
jeunesse des Principautés. C'est ainsi que plusieurs
générations de Roumains vinrent, dès la plus tendre enfance, se former dans les lycées et les collèges
de Paris, et, pour n'en donner qu'un exemple em-

prunté à nos souvenirs personnels, nous mentionnerons le fait que, de 1857 à 1867, nous avons eu pour condisciples, au lycée Louis Le Grand, une centaine de nos compatriotes qui y ont fait régulièrement toutes leurs études depuis la huitième jusqu'à la rhétorique et à la philosophie. » (G. BENGESCO.)

La participation de la Roumanie à l'Exposition Universelle de 1867 fournit aux écrivains roumains une nouvelle occasion de signaler à l'attention de la France les progrès réalisés par leur pays dans les principales branches de son activité et de son économie rurale, industrielle et commerciale.

Faut-il rappeler le succès brillant de la section roumaine à l'Exposition de Paris 1889 — succès fait de la surprise qu'on eut chez nous de découvrir un peuple aussi artiste, aussi intelligent, actif et prospère, qui avait mis à profit dix ans d'un règne fécond.

Depuis, cette prospérité a grandi sans cesse d'un progrès sûr et continu. Les articles de M. Jean Lahovary en ont, dans les débuts, marqué les étapes ; et la grande Exposition Roumaine tenue en 1906, à Bucarest, en confirma l'éclat, la durée et les solides promesses.

Ce serait toute une anthologie curieuse à réunir que le recueil des nombreuses pages rapportées à Bucarest par les Roumains, après leur séjour à

Paris. La place nous manquerait pour l'entreprendre ici. On en trouverait les éléments et les bouquets fleuris dans la correspondance de Vasile Alecsandri, le grand poète qui fut longtemps ministre plénipotentiaire chez nous (1) ; dans la correspondance de Ion Ghika, prince de Samos, ambassadeur à Londres, qui s'arrêtait souvent à Paris; dans les *Brises d'Orient*, de Bolintinéano ; dans la précieuse collection des *Actes et Documents pour la régénération des Roumains*, rassemblés par Demètre Sturdza ; et dans Eliade Radulesco ; et dans les livres de Urechia, de Georges Bibesco ; et dans le trésor des Documenté Hurmusaki ; et à travers toutes les collections des revues littéraires, notamment les *Convorbiri Literare*, etc...

Dora d'Istria, née Princesse Ghika, a semé dans ses Mémoires les fleurs charmantes des souvenirs parisiens.

I. Codru Dragutsanu a écrit *Càlàtorüle unui român ardelean în tsara tsi în stràinàtate* (Les voyages d'un Roumain de Transylvanie à l'étranger).

---

(1) V. ALECSANDRI. Napoléon III : Trois audiences au Palais des Tuileries de 1859 ; l'Histoire de ses missions politiques *Convorbiri Literare*, XII, 1878). Le poète homme politique ne fait pas la description de Paris. Mais ses réflexions sur l'intérieur des Tuileries sont intéressantes. La France tient une large place dans ses poésies. *Pe albumul unci copilite parisiene*, Paris 1848 (Sur l'album d'un enfant de Paris), et aussi le fameux poème : Le Ban Maracine (1845).

Ce sont quatre lettres de Paris, datées de janvier, février, mai 1841 et mai 1842. Une édition a été donnée par Constantin Onciu, avec une préface de N. Ioaga, en 1910, à Valenü de Munte.

Al.-J. Odobescu a raconté ce qu'était la jeunesse roumaine de Paris vers 1852 :

« Je pourrais dire qu'il y a eu un temps là-bas (à Paris) — et c'est l'époque où les idées de liberté nationale étaient les plus persécutées et punies dans les pays roumains — il y a eu, dis-je, un temps, quand nous, les étudiants de l'étranger, nous nous réjouissions d'être plutôt à Paris, parce que là-bas, nous nous sentions plus libres d'aimer notre patrie sans crainte, d'étudier avec passion son histoire et sa langue, de nous préparer aux connaissances dont notre patriotisme avait besoin, dans ce centre de libre lumière. »

Je ne pouvais mieux m'adresser qu'à Mme Al. Em. Lahovary, si ardemment dévouée à la cause roumaine en France, pour lui demander d'entr'ouvrir pour moi les trésors de ses archives et de ses collections.

Son père, M. Kretzulesco, fut ministre à Paris. Il a laissé des souvenirs historiques dont quelques extraits apportent une contribution appréciable à l'histoire des rapports entre Bucarest et Paris.

Avec lui, nous quittons Bucarest et nous prenons une idée de ce qu'étaient les voyages vers Paris, il y a soixante ans.

Une épidémie de choléra avait fait établir des quarantaines du côté du Banat et de la Transylvanie. Quand le choléra eut disparu, les quarantaines subsistèrent, maintenues en raison de la situation politique des Moldo-Valaques qui inquiétait l'Autriche.

Mettons-nous en route avec Nicolas Kretzulesco.

— J'étais sur le point de partir pour Paris, et, comme je voulais échapper aux huit ou dix jours d'internement qu'il m'eût fallu subir dans les cellules de la quarantaine, je pris le chemin de la Moldavie. L'état de nos routes, fort mauvaises à cette époque ; les formalités dont se hérissait le passage à Fochsani — car alors il y avait une frontière entre nos frères du Milcov et nous ; — les procédures enfin exigées par la police de Iassy, me retardèrent, et je n'arrivai à Cernovitz, en Bucovine, que cinq jours après mon départ. J'étais fatigué de tout cela, et de plus brisé par les cahots de la voiture. Mon voyage, en effet, commencé sur une charrette sans ressorts avec laquelle j'avais quitté Bucarest, et où la paille tenait lieu de siège et de coussins, s'était continué, lorsque j'eus vu mon premier véhicule se démolir à la deuxième étape au-delà de Iassy, dans une « carutza » de poste qui m'avait conduit jusqu'à la frontière de Bucovine.

» La « carutza », recouverte d'une bâche que soutenait un toit de cerceaux, attelée de six ou même de huit chevaux mourant de faim, et auxquels de mauvaises cordes, maintenues en place par un inextricable réseau de nœuds, servaient de harnachement, est connue de la génération actuelle, et l'on en peut voir des spécimens à Sfinta Vineri. Encore les voitures d'aujourd'hui ont-elles des semblants de ressorts et accusent-elles une civilisation plus avancée. Quant au « caruciorul » de poste, attelé d'au moins quatre chevaux, il allait, il est vrai, comme le vent, mais quelquefois sur trois roues, la quatrième ayant été semée en route. Il a disparu depuis quelque trente ou trente-cinq ans, parce qu'un service de diligence a été organisé dans les principales directions du pays ; on le chargea du transport des voyageurs et de la poste, qui jadis étaient confiés à de primitifs véhicules dont les roues n'étaient pas cerclées, et dans la charpente desquels l'œil le plus exercé n'eût pas trouvé le moindre clou en fer. Pour se rendre compte de ce qu'étaient les « caruciore » de cette époque, il suffit de jeter les yeux sur les charrettes dans lesquelles s'étalent aujourd'hui, par les rues de Bucarest, les légumes et les fruits des « precupet ».

» De Bucarest à Iassy, j'avais eu comme compagnon de route un jeune compatriote, Tudorake Diamandi, qui avait fait ses études à Paris, où il avait été envoyé et entretenu par un parent qui avait de l'aisance. Il se rendait à Iassy dans l'espoir de faire un mariage qui du reste n'aboutit pas. Doué d'une intelligence exceptionnelle, les connaissances économiques qu'il avait acquises en France lui auraient permis de se rendre très utile à son pays, dans un temps surtout où il y avait disette de gens instruits ; mais les idées phalanstériennes de Fourier le fanatisèrent. Il fut perdu pour sa patrie, et il compromit irrémédiablement son propre avenir.

» A son retour de Paris, il apporta à la propagation du fouriérisme toute l'ardeur dont il était animé et il se mit en tête d'organiser un phalanstère. Dans ce but il s'adressa au général Kisseleff et aux ministres, qui s'efforcèrent unanimement de le faire renoncer à ses utopies, et lui offrirent des fonctions où il aurait pu mettre au service de la Roumanie sa science et ses capacités. Mais il ne voulut rien entendre, et finit même par endoctriner un jeune propriétaire de Ploesti, Manolake Balaceano. Celui-ci entreprit donc de fonder sur sa terre de Scaieni, au-dessus de Bucov, un phalanstère dont Diamandi aurait la direction. Le résultat le plus net de l'aventure fut, pour le propriétaire, Balaceano, la perte de sommes importantes. Diamandi toutefois garda son idée et attribua la non-réussite de l'affaire à l'ignorance des hommes et à leur manque d'ouverture d'esprit.

» Finalement, désillusionné et découragé, il se retira à Campina, où mon oncle Campineano lui donna asile. Il y mourut peu de temps après, dans un état voisin de la misère, regretté de ceux qui avaient eu l'occasion d'apprécier son intelligence et son savoir.

» Diamandi ne m'avait pas laissé partir sans me donner des lettres de recommandation à l'adresse de Fourier, avec lequel j'eus le grand plaisir d'entrer en relations aussitôt après mon arrivée à Paris.

» Le célèbre économiste était un homme déjà avancé en âge, quand il me fut donné de le voir. Je le trouvai devant son bureau, enfoncé dans un grand fauteuil, au milieu d'un amoncellement de livres. Il me reçut avec beaucoup de bonté. Après m'avoir questionné sur la situation de notre pays, il s'éleva contre l'idée qu'avait eue Tudorake Diamandi de procéder chez nous à l'application de la doctrine phalanstérienne, dessein hasardeux dû aux écarts d'une imagination dont il savait trop que son disciple était souvent le jouet ; puis il ajouta : « Ma doctrine relative à l'organisation de la société réclame encore beaucoup d'études et de méditations. » Il me demanda ensuite ce que j'étais venu faire en France, et, sur ma réponse que je voulais apprendre la médecine, il m'y encouragea, me disant que je faisais fort bien de m'adonner à une spécialité. Il me conseilla de ne pas perdre mon temps à Paris, de soigner ma santé, et de ne pas me jeter hâtivement dans les hautes spéculations, puisque, une fois mes études régulières terminées, j'aurais tout le temps voulu pour m'en occuper. A en juger par les conseils qu'il donnait, Fourier avait une réelle noblesse de sentiments et un caractère vraiment philanthropique.

» Les misères de l'humanité le préoccupaient. Quant à sa doctrine, elle était fondée sur la conviction qu'il avait que les hommes se laissent ordinairement guider par leurs passions ; or, dans l'association qu'il rêvait, les mauvaises passions, si elles étaient bien dirigées, pouvaient, comme les bonnes, être mises à profit pour l'utilité générale.

» Plusieurs de ses disciples ont été des hommes de valeur ; mais celui qui surtout se recommande à l'attention, et par sa vie privée et par la science dont il a rempli ses écrits, c'est Victor Considérant, mort depuis peu fort avancé en âge.

» Le Comte de Paris, ayant reçu une notice biographique sur Victor Considérant, y répondit par une lettre que publia le journal *Le Temps*, et que je pus lire moi-même. Il fait montre de beaucoup d'estime pour le philosophe. Il se rappelle en quels termes on parlait dans son enfance de V. Considérant ; mais il ajoute que « le type d'hommes pareils a disparu en France, et qu'on y trouverait difficilement aujourd'hui l'homme d'alors, honnête, désintéressé, aspirant à transformer la société par la parole, par la raison, par l'exemple des vertus privées, indifférent à la forme du gouvernement, hostile à l'emploi de la violence pour faire triompher son système ».

» Je quittai Diamandi à Iassy, et, après avoir voyagé jour et nuit pendant quarante-huit heures dans une petite charrette de poste, mangeant ce que pouvaient me fournir des cabarets malpropres, j'arrivai à la frontière de Bucovine. Et là, après deux heures de formalités à la douane, je pris place dans une carutza juive qui me conduisit à Cernovitz.

» Aucune comparaison ne pouvait s'établir dans mon esprit entre mon pays et celui qui s'ouvrit devant moi à mon entrée en Bucovine : il suffira de faire remarquer que je venais de quitter des provinces qui, pendant de longs siècles, avaient subi des dévastations de toutes sortes, et que j'entrais dans une contrée dotée d'une administration régulière, tranquille, et qui, en dépit des malheureux événements politiques qui l'avaient séparée de la Moldavie, pouvait tirer parti de toutes ses ressources pour améliorer sa situation morale et matérielle.

» A Czernovitz, je pus me reposer dans un hôtel convenable, et je crois bien avoir dormi une nuit et un jour entiers. J'eus la grande joie de rencontrer dans cette ville quatre jeunes compatriotes de Iassy, qui, eux aussi, se rendaient à Paris pour leurs études; c'étaient Nicolas Docan, Panait Radu, Vasile Alexandri et Alexandre Couza, qu'accompagnait un professeur du nom de Furnaraki, cousin-germain du même M. Furnaraki que j'ai eu le plaisir d'avoir pour collègue au Sénat il y a trois ou quatre ans. Pendant cet arrêt, je vis également le capitaine Démètre Manesco, père de mon ami Toly Manesco, qui fut des premiers à s'enrôler dans la milice nationale au moment de sa formation, et fut nommé aide-de-camp du Prince Alexandre Ghika et envoyé à Vienne.

» Qui d'entre nous, jeunes Roumains réunis alors à Czernovitz, aurait pu imaginer les événements que nous avons vus s'accomplir vingt ou vingt-cinq ans plus tard ! La France et l'Angleterre armant leurs flottes, et, de concert avec le Piémont, venant combattre la Russie en Crimée, puis allant après la victoire signer à Paris un traité qui enlevait nos Principautés à la tutelle exclusive de la Russie, pour les placer sous la protection collective des puissances européennes ! Ces mêmes grands Etats consacrant la légitimité de nos revendications vis-à-vis de la Turquie, souscrivant, partiellement du moins, aux vœux exprimés par les divans *ad hoc*, et faisant passer enfin les plus modernes des principes dans la Convention de Paris, qui, pour l'administration intérieure de notre pays, devait remplacer le vieux Règlement Organique ! Qui eût dit alors qu'après avoir lutté courageusement contre les intrigues du dedans et celles du dehors, nous aurions réussi à nous donner comme souverain unique des deux Principautés un des quatre jeunes gens désignés plus haut, et que cette double élection servirait à nous acheminer vers la complète réalisation de nos vœux les plus chers !

» A Czernovitz, je dus attendre pendant deux grandes journées le départ de la diligence, « eilwagen ». Bien que mes jeunes compatriotes eussent trouvé plus tôt un eilwagen-extra, on peut dire que nous voyagions ensemble, car nous nous retrouvions aux principaux relais (Lemberg, Vienne, etc.) où nous étions obligés de faire halte pendant 24 ou même 48 heures.

» Les voyages d'alors demandaient beaucoup de temps, d'autant plus que quelquefois on se voyait condamné à marquer le pas faute de trouver place dans la diligence. En outre les voitures de poste autrichiennes et celles des Etats allemands allaient très lentement, ne dépassant jamais l'allure d'un cheval au petit trot. Il est juste d'ajouter que les chevaux étaient grands et bien attelés, les routes admirablement entretenues, avec des fossés et des arbres sur les bas-côtés. Souvent le cocher sommeillait sur son siège, et quand il se réveillait, il sonnait de la trompette pour donner le change. Aux montées et aux descentes, quelque insignifiantes qu'elles fussent, il sautait de son siège, ouvrait la porte de la diligence, et invitait d'un signe les voyageurs à mettre eux aussi pied à terre pour alléger la voiture.

» A Munich, je me rencontrai avec trois compatriotes, Cananau, de Botoshani, Nicu Ghica-Comaneshteano, père de l'honorable M. Démètre Ghica, et mon cousin Iancu Kretzulesco. Il s'y trouvait aussi Rola, Roset, de Moldavie, et Stege, fils du pharmacien Stege, de Bucarest, qui devint ministre sous le prince Couza. Mais l'un d'eux, je ne sais plus lequel, eut un duel avec un Bavarois, les deux autres servant de témoins. Ils furent poursuivis par la police pour ce fait et durent chercher un refuge en Suisse.

» Enfin, 24 jours après mon départ de Bucarest, j'arrivai à Paris, et je descendis directement dans une maison sise rue Saint-Jacques, où demeuraient Iancu Philippesco-Vulpaki, Nicolas Cantacuzène-Pashcani, de Iassy, et Mihalake Anagnosti. En dehors de mes quatre compagnons de voyage qui étaient arrivés à peu près en même temps que moi, je ne trouvai à Paris comme compatriotes que les frères Nicolas et Stavarake Nicilesco, les frères Costake et Aleco Philippesco, et Hrisoscoleo. Ce dernier, ainsi que Iancu Philippesco et Anagnosti, faisaient leur droit. Stavarake Nicolesco, qui mourut peu de temps après, et Cantacuzène-Pashcano s'occupaient de physique et de chimie. Nicolas Nicolesco suivait les cours de l'Ecole Polytechnique.

» Aussitôt après moi, sont arrivés Iordu Brailoiu, Negulici, Ion Ghica, les frères Golesco, deux fils de Dinu et deux fils de Iordake, Iancu Floresco (le général), Démètre Bratiano et les frères Ghica, Ianco et Aristide, accompagnés d'un grec du nom de Lithiardopol. La colonie roumaine s'accroissait ainsi peu à peu. Mais disséminés dans les hôtels, ils se voyaient rarement, et ne pouvaient aussi fréquemment qu'ils l'eussent désiré se communiquer les nouvelles de leur pays. Les lettres ne mettaient pas moins de 20 à 25 jours pour venir de Bucarest ou de Iassy à Paris.

» Le télégraphe et les communications par chemin de fer n'existaient pas, même en rêve. En cas de nécessité le gouvernement de Paris correspondait avec les autorités départementales au moyen de signaux établis sur la plate-forme de tours élevées de place en place sur des hauteurs. Mais cette télégraphie optique ne pouvait fonctionner que par un temps clair. Les parents qui de Bucarest ou de Iassy envoyaient leurs enfants travailler à Paris, se séparaient d'eux pendant cinq ou six ans, quand ce n'était pas pour toujours. Tous nous avions le sens de ces difficultés, et nous nous entendîmes, quelques uns de mes camarades et moi, pour chercher une maison où nous puissions vivre ensemble comme des frères, sinon tous, au moins le plus grand nombre possible d'entre nous. Notre but était de sauvegarder en nous l'amour de la patrie, de mettre les plus jeunes à l'abri des mauvaises rencontres, de les prémunir contre les plaisirs faciles, dont l'abus amène le relâchement dans l'étude et l'oubli du pays.

» Dans la vieille rue Saint-Hyacinthe, que la transformation radicale du quartier latin a fait disparaître sous Napoléon III, Cantacuzène-Pashcan trouva une maison meublée tenue par une française, Mme Ducolombier, chez laquelle nous avions aussi la table. Mais la maison n'avait qu'onze chambres ; onze pensionnaires seulement purent donc y trouver place ; ce furent Cantacuzène, Ianco Philippesco, les frères Golesco, les frères Ghica, Ion Ghica, Brailoiu, Panait Radu, Anagnosti, Negulici et moi. Une chambre avait été louée à un français, étudiant en droit, Poujade, et, comme il déménagea peu de temps après, elle nous resta.

» Le hasard a voulu que plus tard, en 1849, M. Poujade fût nommé Consul Général de France à Bucarest, et qu'il se mariât à une des filles de Bezadea Costake Ghica.

» Il n'était donc resté que des Roumains à la pension de la rue Saint-Hyacinthe. Pendant le jour, chacun de nous allait à son travail. Mais le soir, après dîner, nous descendions dans le petit jardin de la maison, et là, pendant une heure ou deux, en attendant le moment où l'on se retirait pour reprendre la besogne, on causait. On s'entretenait de la triste situation du pays, de l'avenir auquel chacun de nous aspirait, des devoirs qui lui incomberaient aussitôt qu'il serait rentré dans ses foyers. La politique générale de l'Europe nous préoccupait également, et nous trouvions le temps de lire les journaux et de nous tenir au courant des événements. Les Principautés étaient alors moins connues que les contrées les plus éloignées. Nous avions à cœur de voir souvent les journalistes et de les amener à s'intéresser à nous dans la presse. Nous fréquentions aussi quelques hommes politiques et attirions leur attention sur les dangers qui nous menaçaient.

» Dans des conversations de ce genre, où seul était en question l'intérêt général du pays, aucune divergence de vues n'existait entre nous. Il en allait tout autrement quand nous nous aventurions à préciser nos conceptions politiques et sociales. Il était alors fort difficile de s'entendre ; la discussion s'échauffait et devenait quelquefois même assez violente. La plupart d'entre nous, en effet, professaient des opinions libérales et démocratiques ; mais il s'en trouvait deux ou trois qui étaient férus d'idées absolument rétrogrades, et en première ligne je citerai le très intelligent Anagnosti. Je ne puis oublier certaine discussion sur le principe de l'égalité. Anagnosti soutenait avec beaucoup de chaleur qu'une différence subsiste toujours entre l'aristocrate et le bourgeois, si cultivé et si honnête que ce dernier pût être. Dans le feu de la discussion, Iancu Philippesco-Vulpaki lui lança cette apostrophe : « Si vous admettez une distinction de ce genre, je prétends de mon côté qu'elle existe aussi entre nous deux à partir d'aujourd'hui ». Le jeune homme fut si profondément blessé de ce coup droit qui lui était porté, qu'il se retira de notre cercle ; la séparation toutefois ne fut que momentanée ; il renoua bientôt avec nous les relations amicales qui nous unissaient tous.

» Nos autres compatriotes disséminés dans Paris n'en venaient pas moins nous voir. Quelques-uns d'entre eux, il est vrai, avaient un faible exagéré pour les distractions bruyantes des jardins publics, et, ce n'était que trop apparent, prenaient un plaisir modéré à notre compagnie.

» A cette époque vivaient à Paris un grand nombre de Polonais, qui, après l'échec de la Révolution de 1830-31, avaient émigré en France.

» Plusieurs nous étaient connus, qui venaient nous

rendre visite rue Saint-Hyacinthe. J'en dirai quelques mots.

» Le Comte Zamoyski, homme d'une haute distinction, se faisait remarquer par la variété de son savoir et la qualité de son caractère. Neveu du Prince Czartoryski, il fut chef d'état-major de l'armée polonaise. J'ai gardé avec lui d'excellentes relations, et, au temps de la guerre de Crimée, j'eus le plaisir de le revoir à Constantinople d'abord, puis à Bucarest, où il passa quelque temps. Tchaicovsky avait une rare intelligence et une nature chevaleresque. A Paris, il était devenu l'un des rédacteurs les plus en vue du journal *Le Siècle*, ce qui ne l'empêchait pas de composer d'autre part des romans de cape et d'épée. Mais survint la guerre contre la Russie. Alors il partit pour Constantinople, et, sous le pseudonyme de Sadyk-Pacha, il prit le commandement de la légion polonaise, qu'il mena bravement sous les remparts de Sébastopol. Quelques Roumains se rangèrent à ses côtés contre l'ennemi commun ; ce furent le colonel Obedeano, Pantazi Ghica et mon frère Mitica Kretzulesco. Le savant historien Lelewel était président du Comité d'émigration. Il ne se fit pas faute d'attaquer dans ses écrits la politique de la Russie. Le gouvernement français l'ayant, pour ce fait, obligé à quitter Paris, il se retira à Bruxelles, en compagnie de Ion Ghica. Pendant mes vacances scolaires de 1837, je suis allé les y revoir. Mais le personnage le plus marquant de tous fut le Prince Czartoryski, l'ancien favori et ministre des affaires étrangères de l'empereur Alexandre Ier. Lorsqu'éclata la Révolution, on le mit à la tête du Gouvernement provisoire. Venu à Paris en qualité d'émigrant, il y jouissait de l'estime et de la vénération de tous. Aux soirées qu'il donnait dans le célèbre Hôtel Lambert, qui lui appartenait, se rencontraient les hommes d'Etat les plus éminents, et presque tous les diplomates. Nous étions nous-mêmes parmi les invités, et Czartoryski nous recevait avec la plus grande affabilité.

» Tous ces hommes d'élite avaient participé à la Révolution de 1830 ; malgré d'héroïques efforts, la fortune leur fut contraire ; la malheureuse condition où les avait réduit cet échec leur attirait toutes nos sympathies. Du reste, ce que nous apprenions de Bucarest et de Iassy n'était pas de nature à infirmer ce sentiment. Les Consuls russes avaient une tendance de plus en plus marquée à se mêler des affaires de notre pays, et il nous était facile d'imaginer par avance ce qui peut-être nous arriverait à nous-mêmes. Aussi, bien que nous eussions décliné l'offre que nous faisaient les Polonais d'entrer dans leur Comité et d'assister à leurs réunions, nos relations avec eux ne laissaient pas d'être des plus amicales.

» La pension de la rue Saint-Hyacinthe vécut deux ans seulement, puis se désagrégea. Iancu Philippesco et Anagnosti, ayant terminé leurs études, rentrèrent en Roumanie. Nicolas Cantacuzène-Pascanu eût désiré prolonger son séjour à Paris, mais il céda aux instances de ses parents, et retourna à Iassy. Là, moins respectueux de la volonté des siens, il épousa contre leur gré Mlle Paladi. Ensuite il se rendit en Italie, où il trouva une mort prématurée, laissant une fille qui devint la Princesse Vitghenstein, et une veuve qui épousera plus tard un espagnol, le marquis Bettmar.

» Ajoutons du reste que si la pension Ducolombier avait disparu, les principes qui nous avaient guidés pendant que nous en faisions partie lui survécurent. Ils ne cessèrent d'être en honneur parmi les Roumains qui restèrent à Paris.

» La première année de mon séjour à Paris, en 1834, j'utilisai le temps des vacances scolaires pour me mettre complètement au courant des matières qui figuraient au programme du baccalauréat. Je pris donc deux professeurs, l'un de mathématiques et l'autre de latin. Ce dernier, nommé Satur, était un homme âgé, plein de science d'ailleurs ; et il comptait tous les Roumains parmi ses élèves. Il avait pris part à la Grande Révolution de 1789, était toujours resté fidèle à ses convictions républicaines, et avait conservé le costume de la grande époque. Lorsqu'il me quittait, Satur passait dans la chambre d'Anagnosti, auquel il donnait des leçons de littérature. Anagnosti, qui s'occupait beaucoup de politique, ne pactisait que médiocrement avec les idées modernes. On sait le goût tout particulier qu'il avait pour la controverse ; aussi, dans l'espoir d'arriver à convertir le vieux républicain, se lançait-il avec lui dans d'interminables discussions politiques, et de ma chambre nous entendions Satur, homme à l'esprit vif et sarcastique, qui ne gardait plus aucune mesure dans la dispute.

» Au début de l'année scolaire 1834-35, je me fis inscrire à la Faculté de Médecine, tout en continuant à suivre les cours de physique, de chimie et d'histoire naturelle, en vue du baccalauréat. Je m'appliquai en même temps à l'anatomie et à la dissection. Je fréquentai les hôpitaux pour posséder la pratique des maladies, et assistai aux leçons cliniques des professeurs, de telle sorte qu'au mois de septembre 1835, après avoir passé dans le courant de l'année mon baccalauréat, je subis le concours pour l'externat, et fus admis comme externe dans le service du célèbre anatomiste et chirurgien Jules Cloquet, où j'eus pour collègue Gustave Flaubert.

» Mon intention était dès lors de concourir pour l'internat, et je travaillai dans ce but. Mais je dus me rendre aux désirs de mes vieux parents, qui, dans leur hâte de me revoir le plus tôt possible auprès d'eux, insistaient pour me faire prendre mon grade de docteur, et, une fois mes études régulières achevées, rentrer dans le pays. Je sacrifiai mes goûts et accédai à leurs vœux. Aussitôt après avoir passé les examens préparatoires au Doctorat, je soutins ma thèse devant le jury de la Faculté de Médecine, au mois de juin 1839, et j'obtins le diplôme de docteur.

» Tout en poursuivant mes études, je trouvais le temps de me rendre parfois à la Chambre ; les cartes m'étaient fournies par un de mes camarades, dont le père était député. Je suivis ainsi nombre de débats instructifs et du plus haut intérêt, qui avaient pour protagonistes des hommes d'Etat éminents, les grands orateurs qui s'appelaient Cousin, Villemain, Molé, Guizot, Thiers, Odilon Barrot, Berryer, Lamartine, Broglie, Montalembert. Comme on le voit, c'étaient pour la plupart des académiciens, des pairs de France, des professeurs d'histoire, de philosophie ou de littérature à la Sorbonne ou au Collège de France. Ils avaient, par la plume et par la parole, combattu les tendances aveuglément réactionnaires de la Restauration, favorisé la Révolution de 1830, et, par suite, contribué à l'avènement de Louis-Philippe, et à l'inauguration du mémorable gouvernement parlementaire.....

» La situation de la Roumanie était lamentable. C'est ce qui décida Iancu Campineano, après entente avec le parti patriotique, à prendre le chemin de Paris et de Londres, pour attirer l'attention des puissances occidentales sur les dangers qui menaçaient l'avenir des Principautés. Le voyage qu'il fit par Constantinople, à travers la Turquie qu'il parcourut à cheval, fut des plus pénibles. En mai 1839, il arrivait à Paris, où nous l'accueillîmes à bras ouverts. Il publia une brochure pour faire connaître le triste état de notre pays, eut des entrevues avec plusieurs hommes politiques, et notamment avec Thiers. Passant ensuite à Londres, il y fut reçu par lord Palmerston, qui était chef du Gouvernement. Etant donné les circonstances dans lesquelles se trouvait alors l'Europe, la mission de Campineano auprès des cabinets de Paris et de Londres ne pouvait avoir sur l'heure de résultats tangibles. Les ministres prêtèrent la plus grande attention à l'exposé qui leur fut fait de nos embarras, mais ils se bornèrent à donner des espérances pour l'avenir. Cependant nous devons constater que cette mission de Campineano a laissé dans les cartons des ministères des deux puissances occidentales des documents qui n'ont pas été sans influence sur la politique qu'elles ont adoptée dans la suite à notre égard.

» Pendant les séjours de Campineano à Paris et à

Londres, les courriers, à défaut des télégrammes
inconnus à cette époque, ne cessaient de se croiser
entre Pétersbourg et Constantinople. Les déplace-
ments de notre illustre compatriote donnaient de
la besogne aux gens de Pétersbourg. Ils écrivaient
à Constantinople, exagéraient l'importance de la
démarche en question, la qualifiaient d'acte de
rébellion contre les puissances suzeraines et protec-
trices, et demandaient à la Porte d'empêcher le
coupable de rentrer dans son pays et de l'exiler
dans une ville de Turquie. La Porte, quoiqu'elle eût
vu sans trop de souci l'entreprise qu'on jugeait si
dangereuse, dut, au commencement, faire bon accueil aux exigences russes et elle désigna Philippo-
poli comme lieu d'exil. Dans la suite, elle se rendit
un compte plus exact de la sévérité de cette mesure,
et, attentive aux observations indirectes qui lui
venaient des ambassades de France et d'Angleterre,
elle rendit un firman d'internement dans les Prin
cipautés. Mais la Russie, qui connaissait parfaitement la popularité et les sympathies dont Campineano était l'objet dans sa patrie, ne cessait de
demander à la Porte son exil en territoire turc.
Pendant que se déroulaient ces négociations, Campineano avait pris par l'Autriche pour rentrer en
Roumanie ; or, arrivé à Caransebesh, dans le
Banat, il se vit empêché par les autorités locales
de poursuivre sa route. Il protesta énergiquement

15.

contre de pareils procédés, et finalement put continuer son voyage. A peine arrivé à Bucarest, il fut exilé au monastère de Margineni, où l'on mit à sa disposition les appartements de l'hégoumène. Nul ne pouvait avoir accès auprès de lui ; mais ma qualité de médecin me valut d'aller trois ou quatre fois lui rendre visite, pendant les six mois environ que dura sa détention à Margineni. »

Le séjour de Campineano à Paris fit sensation. Le jugement porté sur lui dès son arrivée est des plus favorables. On trouve qu'il est très bien et qu'il parle très bien. Le 9 mai 1839, il dîne chez M. Thiers avec le Prince Czartoryski, et lui expose ses vues sur les intérêts de la Roumanie ; M. Thiers est au courant de la question. Sa visite est annoncée chez le Duc d'Orléans.

Il se rend à Londres pour exposer à lord Palmerston et aux hommes politiques anglais les desiderata de son pays. C'est avec le général Comte Zamoyski qu'il part les premiers jours de juillet 1839. Il travaille à des memorandums qu'il présente à lord Palmerston. En Angleterre, on surnomme Campineano « The Patriot » « par excellence ». Il quitte Londres dans les derniers jours de juillet, et revient à Paris pour quelque temps, où il continue de faire valoir son influence pour le bien de son pays.

***

De nos jours, ils sont nombreux, les Roumains qui, dans les rues de Paris, ont noté leurs surprises et leurs impressions.

Tout récemment, M. Gr.-N. Philippesco faisait à Bucarest une conférence sur l'esprit français en Roumanie, et j'y note ces spirituelles réflexions :

« De même qu'un de nos concitoyens, qui ignore la langue française, est un persécuté du sort, ou un individu qui a presque mal tourné, de même un Roumain qui ne connaît pas Paris est un être privé d'une partie de ses moyens. C'est un bonhomme qui n'a jamais bougé de son patelin, car vous ne concevez pas qu'on puisse passer la frontière sans se rendre à Paris. Partir pour l'étranger, c'est aller à Paris. Allez chez votre coiffeur, après une longue absence, allez au café ou chez votre marchand de vins, l'on vous demandera aussitôt si votre séjour à Paris fut agréable. Du reste, pour les gens du peuple qui ne connaissent qu'imparfaitement la géographie, il n'existe que deux capitales : Bucarest, celle de la Roumanie, et Paris, capitale du monde.

« Mais je dois ajouter que, pour certains de nos compatriotes, Paris n'est pas du tout le Paris des Parisiens, et voilà quelques définitions de la Ville-

Lumière recueillies çà et là. Pour nos mondaines, Paris est synonyme de Paquin ou Redfern (définition extra-chic) ; j'ai aussi entendu dire « la Ville des Galeries Lafayette ». Pour les membres du Jockey, c'est le Paris-Sport ou même le Pari-mutuel ; pour les lycéens, c'est la « Ville de chez Maxim's » ; pour les disciples de Rabelais, « l'Abbaye de Thélème ». Pour les vieux beaux, Paris, c'est Londres, Berlin ou Constantinople, c'est-à-dire tout le Quartier de l'Europe. Pour les amateurs d'opérette, c'est « Paris ou le Bon Juge » ; pour nos concurrentes au prix Nobel, c'est « la rue de la Paix. »

« Et pourtant, je ne crois pas qu'on puisse trouver dans un pays étranger une telle multitude d'élus, qui comprennent et qui sentent mieux la France et Paris que chez nous. Paris, c'est aussi, pour certains, le coucher du soleil sur la Seine, avec le Louvre comme fond de décor ; c'est aussi le lever de lune sur la ville endormie de Puvis de Chavannes ; c'est la banlieue éclatante de lumière de Saint-Cloud ou de Bourg-la-Reine ; ce sont les souvenirs mystérieux et estompés de Notre-Dame de Paris. Certainement, il y a en nous quelque chose d'indicible, d'inexplicable, qui nous empoigne le cœur quand nous pensons à Paris. Il y a évidemment une attraction innée, instinctive, invincible pour la France.

« Examinez notre langue, elle déborde d'expressions françaises ; nos comparaisons ont toujours pour objet des choses de France ; la Chaussée, c'est le Bois de Boulogne, jamais le Prater ; la Chambre des Députés, c'est le Palais-Bourbon et non pas le Reichstag ; tel homme politique, c'est Aristide Briand ou Clémenceau, jamais M. de Bulow ; nos chansons, c'est Montmartre ; notre jeunesse, c'est Rodolphe ou Chaunard ; nos amours, c'est Mimi ; notre poésie, c'est le Tilleul d'Eminesco ou le Saule d'Alfred de Musset ; notre peinture, c'est Grigoresco ou Corot. »

Et plus loin :

« Rien ne saurait mieux démontrer l'affinité entre les deux langues, que l'existence de toute une pléiade de poètes mixtes, dont la lyre fut tantôt française, tantôt roumaine. Parmi ceux-ci, Bolintineano, auteur des *Brises d'Orient*, qui chantent nos cieux et nos gloires ; Basile Alecsandri, auteur de nombreux vers français ; Alexandre Macédonsky, enfin, parmi les contemporains, en sont les principaux représentants. Et, après cette courte transition, nous arrivons aux poètes pour qui toute Muse est une déesse de France : à Mlle Hélène Vacaresco, la doyenne, parce qu'elle commença à écrire de bonne heure ; à la Princesse Marthe Bibesco, auteur des *Huit Paradis* ; à la Comtesse Anna de Noailles, une roumaine malgré elle, mais d'infiniment de talent ; à Mlle Madeleine Ecsarco, dont les *Minutes vécues* ont une profondeur saisissante ; à M. Charles-Adolphe Cantacuzène, dont le prochain volume sera intitulé *Crépuscules de Nébuleuses*, après *Apothéoses de Météores* ; à Léon Lahovary, un tout jeune poète dont les vers ont un rythme charmant ; à M. Alexandre Sturdza, auteur d'un remarquable volume de vulgarisation : *La Terre et la Race roumaines*, destiné à faire connaître notre pays à l'étranger, ouvrage dont bien des Roumains pourraient tirer quelque profit. »

Un des historiens les mieux aimés en France et des plus appréciés dans le monde savant, M. Ad. Xénopol, a publié, en 1909, dans la *Revue des Français*, une série intéressante d'articles qu'il appela : *Paris, vu de Roumanie*. Le prélude en résume nettement les impressions :

« Paris est pour la Roumanie libre, c'est-à-dire pour la partie du peuple roumain située au delà des Carpathes, le soleil qui fit éclore dans son sein les germes de la vie civilisée. Toutes les idées généreuses qui transformèrent complètement le milieu oriental de la société roumaine et lui donnèrent le cachet et le vernis occidental européen, lui ont été envoyées par ce grand foyer de lumière. Puis, quand la régénération intellectuelle, battant son plein, donna l'essor à la régénération politique, c'est toujours dans les grands esprits et les plumes éloquentes de la capitale de la France que les Rou-

mains trouvèrent l'appui nécessaire au triomphe
de leur juste cause. Les noms de Jules Michelet,
d'Edgard Quinet, les deux célèbres professeurs du
Collège de France, dont le dernier avait épousé une
Roumaine, Hermione Asaky, la fille du promoteur
de la régénération moldave, Georges Asaky ; ceux
de Hippolyte Desprès, Paul Bataillard, Léon Plée,
Ernest Desjardins, Ubicini, sont inscrits en lettres
d'or sur le frontispice du temple de la civilisation
des principautés danubiennes. Ces hautes personnalités contribuèrent par la chaleureuse défense
des intérêts du peuple roumain, à le faire connaître
à l'Europe dans son véritable caractère, avec ses
aspirations vers la Latinité, sa haine de l'Allemand
et du Slave, son amour du progrès et de la civilisation occidentale, malgré sa situation si profondément encastrée dans les régions où le soleil se lève.
Au-dessus de tous ces noms français plane celui de
l'empereur Napoléon III qui, quoique voilé de
deuil sur le ciel de la France, resplendit d'un puissant éclat sur celui de la Roumanie, pays qu'il a
tiré des entrailles du passé, par la réunion de la
Moldavie et de la Valachie, pour le faire entrer,
un et indivisible dans les arcanes de l'avenir.

« Voilà donc tout ce que le contact de Paris
réveille dans la pensée des Roumains qui l'approchent, et on comprend qu'une pareille ava-
lanche d'idées trouble celui qu'elle accable de son

poids. Mais l'impression que Paris doit produire
sur l'âme roumaine ne s'arrête pas là. A côté du
tableau brillant des bienfaits que la ville des Lumières a répandu sur l'âme roumaine, il y a aussi
l'ombre, l'influence néfaste que l'autre Paris, celui
des plaisirs et du luxe, a exercé sur la classe plus
aisée du peuple roumain. Si l'on calculait toutes les
fortunes que le grand monstre a englouties, si l'on
supputait les millions d'hectolitres de blé, les troupeaux de bœufs, les forêts entières qui ont dû passer
par les grands hôtels, les grands magasins, les équipages, les bals publics et les maisons de jeu de
Paris-s'amuse, on resterait émerveillé devant la
pyramide d'or que toutes ces richesses représente-
raient, et qui pourtant ont été englouties sans laisser de trace, comme le seraient les pyramides de
Giseh si elles étaient plongées dans la Méditerranée.

« Les Roumains admirent donc Paris, mais le
craignent aussi, comme on admire et craint tout
ce qui peut faire le bien et le mal en même temps.
En effet, Paris est une force créée par l'esprit hu-
main, mais qui a pris le caractère des forces naturelles : gravitation par la puissance d'attraction
qu'il possède ; chaleur par l'action dissolvante
qu'il exerce ; électricité par le fluide magnétique
qu'il projette autour de lui ; lumière par les rayons
qu'il répand sur le monde entier et qui l'entourent
de l'auréole resplendissante qui le fait paraître,

parmi les autres capitales du monde, comme le Christ au milieu des apôtres.

« Voilà donc comment Paris se réfléchit dans l'âme roumaine, et on comprend qu'il soit difficile à un fils de cette Latinité perdue sur les confins de l'Orient de ramasser ses idées, de les mettre en ordre pour rendre l'impression que la capitale de la France produit sur son esprit. »

Il n'est pas sans intérêt de noter ce qui, principalement, a frappé ce Roumain à l'esprit cultivé, éclairé et judicieux. Nous aimons à voir le premier hommage de ce savant aller d'abord à nos écoles françaises. Le monde universitaire de Paris l'étonne par son sérieux et presque son austérité, et ce petit tableau est assez typique :

« La mentalité du père de famille transforme tout son entourage. La vie plus que modeste de la plupart des flambeaux de l'intelligence française est partagée par leurs femmes et par leurs enfants. Ce qui m'a le plus frappé, c'est de constater que les femmes et les filles des professeurs ne semblent pas du tout vivre à Paris, dans cette ville aux côtés si mondains, si légers, si mobiles. Des modes, il n'en est pas question ; des spectacles publics, pas davantage, excepté l'Opéra. le Théâtre-Français et les concerts qui sont souvent visités. La plupart des hommes de sciences et de lettres de Paris habitent des quartiers retirés. où ils peuvent travail-

ler à l'abri du bourdonnement profond et éternel
de la grande cité. Ils viennent en ville seulement
pour y tenir leurs cours, puis se replongent de nouveau dans la solitude relative de leurs habitations
retirées. Ce qui les réunit le plus souvent, ce sont
les dîners intimes, seuls moments où ils peuvent
être libres et laisser aller leurs esprits, la bride sur
le cou, planer aussi dans d'autres régions que celles
de la méditation sévère et prolongée. Pendant l'été,
presque tous quittent Paris pour se retirer dans
une petite villa avec jardin, située dans la banlieue
parisienne, ou bien humer l'air de la mer, sur les
plages de la Normandie. »

Il proteste avec vigueur et avec raison contre
l'immoralité dégoûtante d'une certaine littérature
parisienne dont il n'est pas la dupe et dont il pro-
clame généreusement le mensonge.

La véritable vie parisienne lui laisse une impression de simplicité honnête ; c'est une rareté dans
les notes des voyageurs qui traversent Paris. Il est
consolant que le spectacle de la vie parisienne
puisse inspirer à un étranger ce tableau floria-
nesque :

« Un seul jour par semaine, le jour du repos, le
dimanche, répand les distractions aussi dans les
couches plus profondes de la société qui les savou-
rent avec délices, car elles ont été bien gagnées par
six jours de labeur assidu. Mais ces distractions

du peuple de Paris sont si innocentes et, on pourrait dire, si primitives ! Pendant l'hiver, le repos et les visites en famille ; pendant l'été, le grand, l'immense plaisir de vider les paniers et les bouteilles sur l'herbe verte des jardins et des bois de la banlieue que, par une exception particulière à la capitale de la France, on permet à tout le monde de fouler aux pieds et de couvrir des détritus des repas.

« Ce qui m'a toujours beaucoup étonné et qui me paraît absolument caractéristique pour la façon dont les Français entendent s'amuser le dimanche, c'est l'absence presque complète de restaurants, de brasseries, de cabarets et de guinguettes dans les environs de Paris. Les Allemands ne sauraient passer leur temps, s'ils ne peuvent boire une ou plusieurs chopes de bière et manger au moins quelques saucisses à la choucroute. »

La circulation intense qui met sur la ville un air de fête perpétuelle donne lieu à de piquantes observations. Paris semble à notre philosophe jeter tous ses habitants sur les rues, et tout ceci est encore assez typique par l'importance que l'étranger donne à tous ces détails insignifiants pour nous :

« Et combien d'autres choses n'impressionnent-elles pas le Roumain qui vient à Paris ! Par exemple, l'habitude des hôtels de faire faire les chambres par des serviteurs hommes, même pour le service

des dames ; l'absence de commissionnaires publics
que l'on puisse charger de certaines affaires, commissionnaires qui pullulent dans les villes allemandes et autrichiennes ; l'invitation faite par les
conducteurs de bateaux de monter *en voiture* ; la
construction du métropolitain qui se fait pour
ainsi dire à la dérobée et sans qu'on puisse aperce-
voir le travail gigantesque qu'il nécessite ; les
arbres des boulevards et des avenues qui ne vieil-
lissent jamais et ne sont jamais jeunes, mais toujours du même âge, viril et puissant, avec leurs
belles branches et leur ombre rafraîchissante ; les
cinq ou six chevaux attelés à la file l'un de l'autre
et qui traînent des camions chargés de blocs de
pierre qui semblent avoir été détachés des pyramides pharaoniennes ; et ainsi de suite d'une foule
de détails qui peuvent paraître puérils à un parisien, mais qui arrêtent l'étranger sur place et lui
font secouer la tête en signe d'étonnement.

« Une des particularités les plus remarquables de
la vie parisienne, c'est le rôle que les fleurs jouent
dans les relations sociales. Ces bijoux végétaux
accompagnent la vie du Parisien, du berceau à la
tombe. »

Toute la page sur les fleurs à Paris est jolie. Il
passe à travers toutes ces notes un souffle de curiosité perspicace et sympathique ; rien n'échappe à
cet esprit accoutumé aux recherches, à l'étude des

causes et des lois. Certaines remarques nous frappent par leur justesse imprévue, devant des choses que nous ne voyons plus à force de les voir :

« Les monuments de Paris peuvent trouver des rivaux dans d'autres villes du monde. Ce qui est unique et ne se retrouve ailleurs qu'exceptionnellement, ce sont les perspectives dans lesquelles ces monuments sont placés et qui leur donnent leur pleine valeur artistique. »

Les rues, les avenues, les promenades sont ainsi parcourues en flânant et en notant. Nous suivons avec agrément notre cicerone et dans ses itinéraires variés et dans ses digressions judicieuses. Nous entrons au musée où nous écoutons ses réflexions édifiantes :

« Quant aux sujets que la peinture traite, ils sont dominés toujours par la même tendance d'imiter ce qui se voit. Toute la peinture contemporaine française ne traite que les portraits, les paysages et surtout le genre. Elle reproduit toujours des modèles, et l'imagination est reléguée au second plan. Le portrait brille au premier rang avec un éclat incomparable et, sous ce rapport, la peinture moderne n'a rien à envier à l'ancienne. Les paysages aussi sont arrivés à une perfection inouïe, dans la reproduction des éléments les plus subtils de la nature, et la science de la perspective, qui a atteint un haut degré de perfection, facilite la tâche de copier la nature. La peinture religieuse a pour ainsi dire disparu et la peinture historique ne se rencontre guère plus souvent. On peint bien encore le sentiment religieux, mais c'est dans des tableaux *qui nous montrent l'action de ce sentiment sur les hommes de notre temps. L'Angelus* ou les *Pardons de Bretagne* ne sont que des *tableaux de genre à motifs religieux.* »

Ce sont des pages de carnet crayonnées par un admirateur de Paris auquel nous n'adresserons qu'un reproche : celui d'apporter à sa peinture un optimisme à toute épreuve. Nous eussions aimé quelques ombres au tableau. C'eût été tout profit pour notre curiosité et pour notre édification.

Quoiqu'il en soit, ce tableau de Paris est séduisant. L'auteur fera bien de le reprendre pour l'élargir et donner un pendant roumain aux tableaux parisiens de Mercier et du russe Karamzine.

C. Sandu-Aldéa, dans *Drum tsi Popas* (Voyages et Relais), a noté d'intéressantes impressions de Paris. Il est chez nous au moment de Noël et il écrit :

« Une lumière jaunâtre glisse à travers la brume qui s'étend dans les airs comme une toile d'araignée et répand une tristesse qui jette un trouble sur cette matinée de fête.

« On croirait que Paris dort, sous le regard de ce soleil triste des journées grises, qui apparaît au firmament comme une pleine lune. Les platanes dépourvus de feuilles des boulevards balancent les fruits de l'été passé entre les branches.

« A une fenêtre, une petite fille caresse sa poupée que Jésus lui avait apportée la nuit dernière.

« Une bande de jeunes gens retournent du réveillon, les têtes couronnées de gui et outragent, dans un mélange de voix éraillées et fausses, le refrain d'une romance de quartier.

« Sur les places, des chevaux, des balançoires, des panoramas ; et sur les trottoirs des boulevards, des baraques comme à la foire ; des jouets, des gâteaux, des cartes postales illustrées, des affiches plus ou moins artistiques, des loteries, des ateliers photographiques à l'instantané, des imprimeries de cartes de visite, etc.

« Et à l'intérieur de ces magasins, l'on voit un Algérien (de Montmartre) qui fume tranquillement sa pipe en attendant les clients.

« Le Noël des Français me fait penser à nos fêtes et mon esprit vole vers les rives du Danube bleu, erre dans les vieilles forêts de nos montagnes chéries, berçant mon âme roumaine attristée. »

Voici un crépuscule de Paris :

« Il commence à faire nuit. Il pleut à verse. Les gens cherchent un refuge dans les cafés, dans les brasseries, ou ils prennent d'assaut les tramways.

« Les trottoirs lavés ont des reflets vagues,

comme des éclats de glace au dos effacé, dus à la lumière des réverbères.

« Dans un coin de rue, un vieillard courbé d'années tourmente encore, avec son orgue de Barbarie, la célèbre marche *Sambre-et-Meuse*.

« Et personne ne s'arrête, personne ne lui donne un centime... »

Il nous conduit dans l'atelier d'un peintre roumain installé boulevard Montparnasse.

On frappe :

« — Le modèle, dit le peintre.

« Une jeune fille se faufile dans l'atelier. Elle a des mouvements indolents de chatte choyée ; elle enlève sa voilette et son chapeau et se déshabille.

« Quelques cheveux s'échappent des peignes et donnent à la tête l'expression d'un petit oiseau ébouriffé. Quand ses lèvres ne sourient pas, ce sont les yeux qui rient joyeusement comme ceux d'un enfant espiègle, et, de temps en temps, elle tourne la tête avec un mouvement d'un charme virginal, comme si elle désirait et craignait en même temps un baiser.

« Et, de temps en temps, elle fredonne le refrain d'une chanson populaire, qui berce la jeunesse des midinettes, la vanité des amours éphémères de Paris.

« Je lui ai demandé quel était son rêve de bonheur.

« — C'est de trouver un mari « chic » qui me donne des toilettes et me conduise l'hiver au théâtre, l'été aux bains de mer.

« C'est l'idéal de presque toutes les jolies jeunes filles d'origine obscure : un richard qui leur satisfasse tous les caprices !

« Et Paris, ce temple de l'art, ce trésor, cette lumière des âmes, est, en même temps, une immense foire de femmes, et leur bonheur dort sur un oreiller d'or. »

Il promène sa flânerie aux environs de Paris :

« Le crépuscule des jours fériés a, dans cette région enchanteresse que forment les environs de Paris, un charme qui trouble l'âme. Dans les airs, il y a des chansons, parfum de roses, pluie de baisers.

« Echappé du bagne, qui est Paris, pour un après-midi de fête, le monde court à la campagne, se bouscule dans les wagons des trains et des tramways, pénètre dans les bois, court sur les champs, rit, chante, cueille des fleurs, coupe des branches d'arbre, de racine, de l'herbe et reprend par groupes le chemin de la gare en chantant, brandissant au-dessus des têtes une poignée de plantes qui commencent à se faner.

« — Vive le grand air !...

« Tard, lorsque l'orage de cette foule, prise par le charme de la lumière et de la tranquillité de la nature, a passé vers Paris, je vais m'asseoir sur un banc de pierre d'une belle allée et dans l'obscurité, enivré par le parfum des fleurs de tilleul, j'écoute les soupirs d'un rossignol, qui bercent mon âme et lui donnent la nostalgie du pays dans une évocation de souvenirs. »

Ce sont des notations curieuses et par leur couleur pittoresque et par la sympathie de cette attention toujours tendue et en éveil et comme à l'affût de toutes les moindres sensations qui flottent et qui passent.

Parcourez encore ces feuilles de carnet crayonnées par O. Tafrali, le jeune et distingué archéologue, docteur ès-lettres, qui a consacré à Salonique le beau monument de ses deux volumes si savants, si fortement documentés, si artistement conçus: *Thessalonique au XIVe siècle*. Ils comptent parmi les meilleurs travaux de l'archéologie contemporaine.

Et voici ce qu'avant d'entrer au Musée du Louvre Tafrali écrivait sur Paris, dans un style auquel je laisse toute sa saveur :

« La renommée sans égale dont jouit dans le monde entier la capitale de la France, attire chaque jour davantage des milliers d'étrangers désireux de voir la cité de leurs rêves.

« L'imagination en est exaltée de ce que les autres racontent et de ce que chacun peut lire sur cette ville unique. Mais, hélas ! à peine arrivé à Paris, et les illusions commencent une à une à s'effacer ! Des rues non pas très larges, des maisons à plusieurs étages, bâties en dépit de l'art, plutôt pour les affaires, des bousculades insupportables, des milliers de voitures, des tramways, des omnibus, des automobiles, qui se croisent en route et menacent à chaque instant d'écraser les passants ; enfin, un air lourd, un mouvement vif et un bruit assourdissant ! Autant de choses qui peuvent éblouir, mais non enchanter.

« La nuit arrive. La ville est noyée dans la lumière. A chaque pas, des affiches, des enseignes lumineuses qui s'allument, brillent un instant, s'éteignent. Quelques-unes te montrent le chemin vers le fameux « Montmartre », vers le « Moulin-Rouge » ou vers « l'Olympia ». Ce sont des noms bien connus et tu choisis au gré. Et lorsque tu sors de ces théâtres, tu es ébloui, étourdi de ce que tu as vu, de ce que tu as ressenti. Une vie nouvelle s'est développée devant toi ; elle tend à s'emparer de ton être, et hélas ! parfois avec succès. Et chaque soir, tu retournes dans ces locaux, pour goûter de leurs plaisirs, qui te mènent du théâtre au souper.

« La corruption avec laquelle le parisien joue sans danger et sait, au moment voulu, s'en débarrasser, te tient, toi, bien par ses mille liens et te rend esclave de cette nouvelle Babylone. Si, par tempérament, tu n'as pas le goût de ce genre d'amusements, tu penses, après ce que tu as vu autour de toi, à déguerpir le plus tôt possible.

« Mais, une soirée passée à l'Opéra ou à la Comédie Française, relève ton âme et chasse pour un instant les désillusions. Cependant, tu apprends bientôt ce qui se cache derrière les coulisses, dont la façade t'a émerveillé ; tu vois aussi, conduit par un guide raffiné, ce que c'est que la « cave de l'Olympia » et les cabarets de Montmartre ; alors l'indignation touche les dernières limites. Tu as peur de la tentation, tu veux laisser derrière toi tout ce monde corrompu, et, dans une décision que tu crois héroïque, tu dis : « J'ai vu et entendu assez ! » Et lorsque tu t'es éloigné de cette Gomorrhe de l'Occident, tu te sens soulagé, à l'abri de toute tentation, d'une ruine morale qui te menaçait. Et une fois rentré dans ton pays, tu racontes mille choses et prédis la déchéance du peuple français !

« Pourtant, toi qui crois t'être sauvé par la fuite comme celui qui s'est voué au démon, combien tu es loin de la vérité ! Ce n'est pas par la vie de la rue et des cafés-chantants pleins de cocottes, d'apaches et de fils à papa, ni par des théâtres comme celui du Moulin-Rouge qu'on peut tirer des conclusions définitives sur la vie française. Après tout, même dans la vie de la rue et des petits théâtres et cabarets, il ne faut pas toujours voir des défauts moraux. Elle a aussi son bon côté. On y découvre des qualités propres au tempérament français : c'est cet esprit fin parisien sans pareil qui charme tant, c'est cette folle joie de bons enfants qui engage tous à rire de bon cœur et qui s'explique par la nécessité où se trouvent ceux qui sortent des ateliers et des bureaux, harassés d'un travail surhumain ; ce qui leur faut, c'est de rire, d'oublier toute misère, à tout prix.

« Du reste, la vie parisienne a aussi son côté sérieux, duquel se rendent compte peu d'étrangers de passage.

« Dans les maisons qui paraissent si tristes, silencieuses comme des tombes, monotones quant à l'architecture, se cache une vie intensive. Elles sont habitées par des êtres dans les poitrines desquels fleurissent de nobles sentiments ; elles renferment des jeunes filles d'un charme et d'une éducation au-dessus de tout éloge, des jeunes gens, des hommes et des vieux dont la culture intellectuelle est tout à fait supérieure et qui sont les représentants d'une civilisation qui a quelques siècles d'un passé glorieux. Et non rarement rencontre-t-on, dans ces maisons, des génies qui travaillent patiemment en préparant leur propre gloire en même temps que celle de leur patrie.

16.

« Voilà ce que cachent les tristes murs des bâtiments de Paris.

« Mais sans cela, combien d'endroits à l'étranger où il peut aller relever son esprit et vivre des moments charmants, inoubliables ! Combien d'institutions supérieures existent où l'on met à la disposition de celui qui veut voir, entendre et s'inspirer tout ce que le peuple français a de plus beau comme goût et comme labeur.

« Cependant, combien d'étrangers veulent voir et comprendre ? Très peu. La plupart considèrent, en effet, comme un devoir de faire un tour dans ces institutions. Mais hélas ! comme ils n'ont pas la préparation et la culture nécessaires, ils ressemblent à l'ignorant qui voudrait lire un livre de philosophie. Il peut le feuilleter ; le comprendre, jamais.

« Se trouvant dans un pareil état d'esprit, il est tout naturel que ceux qui viennent de loin, par-dessus mers et terres, pour voir Paris, partent avec les impressions les plus fortes pour eux, cueillies dans la vie légère qui se développe dans la capitale de l'Etat qui a pour devise : la *Liberté*. Ils ne comprendront jamais pourquoi Paris a été surnommé la *Ville Lumière*. Et, croyant avoir vu et connu tout, parce qu'ils ont dépensé trop, ils raconteront à tous les vents, les merveilles et aussi la décadence morale de cette cité. A ces gens-là opposent cependant un puissant démenti les institutions de sciences, de lettres et d'art qui abondent dans la capitale de la France, etc... »

Le Docteur Steuremann a joliment conté : *O toamnà la Paris* (Un automne à Paris), prose et vers, Iassy, Col. Saraga, 1897.

Il nous promène avec lui de la Gare de l'Est à Montmartre, s'arrête aux coins des rues, parcourt le quartier latin, médite au seuil de la Sorbonne, mêle les pieuses réflexions que lui inspire la Toussaint aux visions riantes qu'il rapporte des Folies-Bergères, admire les somptuosités de l'Opéra et s'égaie des misères pittoresques du marché aux puces, suit tous les méandres des caprices de Paris, applaudit Sarah Bernhardt, se choque devant le chahut, s'épouvante devant les assassins de Paris, sourit aux audaces fin de siècle, arpente les faubourgs, observe les types, femmes de Paris, bourgeois, étudiants, s'apitoie sur la misère de Paris.

Nicolas Mariesco a décrit l'Exposition Universelle de Paris 1900 dans l'*Universul*. Emile D. Fagure mêle à ses *Schitse* (croquis), le récit de trente jours à Paris (*30 de zile la Paris*), Bucarest, *Adevarul*, 1905.

Avec lui, nous assistons aux séances du Sénat. Nous le suivons au Palais-Bourbon ; nous visitons les tombes célèbres du Père-Lachaise ; nous sommes bousculés dans la cohue des grands magasins ;

nous descendons avec les noctambules dans les dessous de la vie dépravée ; ces visions laides sont aussitôt effacées par les tableaux splendides de Versailles et du Louvre ; nous flânons avec lui le dimanche et nous constatons partout l'invasion de l'anglomanie. Ce sont de piquantes impressions de voyage, qu'il faut compléter par la lecture d'impressions analogues publiées dans la même feuille par B. Branistéano. I. Ionesco-Gion a épinglé ses notes sur Paris dans la « *Noua Revista Romana* » et l'on ne saurait oublier les visions si précises de la vie parisienne évoquées par Archibald dans le journal « *Diminéatza* ».

On les complètera agréablement par la lecture des notes sur Paris publiées dans l'*Universul* par Mestugeano et dans le *Minerva*, par J. Botzan.

Tous les incidents mondains, artistiques, littéraires de la vie parisienne sont suivis et racontés dans les feuilles roumaines par des correspondants dont quelques-uns ont beaucoup d'observation et de talent, notamment le correspondant de « *La Roumanie* », M. Léon Lahovary, le fils du regretté général Jacques Lahovary, dont les correspondances littéraires sont consciencieusement faites et finement écrites.

Avec lui, de nombreux autres correspondants envoient d'ici au public roumain leur avis et leurs impressions sur la vie à Paris, au jour le jour.

Leurs articles n'ont pas besoin d'être traduits car les lecteurs des journaux roumains savent le français et beaucoup de publications roumaines sont écrites en français (1).

Il n'est pas de parti politique qui n'ait son journal ou sa revue publié en langue française, par le désir de ne pas cantonner en Roumanie ses idées, ses principes, ses espérances, mais d'en propager le rayonnement jusqu'à Paris

*
* *

La presse n'est pas le seul moyen de propagande utilisé pour la diffusion des amitiés franco-roumaines. La cause des Roumains à Paris est servie par plus d'un généreux Mécène. M. A.-J. Philipesco, petit-fils du Prince Georges Bibesco, a fait don de 30.000 francs à « l'Alliance Française, pour la propagation de la langue française à l'étranger. »

Le Prince A. Bibesco a fondé un prix pour les langues romanes.

Le Gouvernement subventionne une chaire de langue roumaine à l'Ecole des Langues Orientales, une chaire de philologie et linguistique roumaines à la Sorbonne. Le titulaire en est le savant et dévoué M. Mario Roques.

(1) Cf. tome I de cet ouvrage, p. 91.

N'oublions pas le remarquable cours libre, professé aussi à la Sorbonne, par l'éminent historien de la race roumaine, M. Alexandre A.-C. Sturdza.

J'ai dit ailleurs (1) combien d'écrivains français qui travaillent à Paris sont d'origine roumaine, et je ne citerai pas de nouveau M. Paléologue, dont le père était roumain ; la comtesse Mathieu de Noailles, fille du prince Brancovan, sœur de Nicolas, de Georges, d'Alexandre Bibesco ; Béclard, le savant historiographe de Sébastien Mercier. Jean de Mitty (Demètre Golfineanu), à l'esprit fin et mordant, qui dirigea quelque temps le *Cri de Paris* ; Gr. Grigoresco, voué aux études de Sociologie.

*
* *

Quant aux artistes roumains, il en est bien peu qui n'aient fait leurs études à Paris ou qui ne soient pas venus ici chercher la consécration de leur talent.

Ce serait faire une nomenclature sans intérêt que de nommer tous les artistes roumains qui viennent figurer à nos expositions.

Faut-il rappeler Grigoresco qui fut l'élève et l'ami de Millet, de Rousseau, à Barbizon ?

(1) Tome Ier.

Il avait fait ses études à Paris et le récit de son séjour est conté dans la biographie que lui a consacré Vlahutza.

Les toiles de Gropéano nous apportent à Paris mieux que la vision de la Roumanie, mais toute son âme, sa vie intérieure, douce, contemplative et tendre. Et combien d'autres il faudrait citer : Michel Simonidy, Théodore Pallady, Stoenesco, Lazaresco, Séverin.

Stéphan Popesco s'est fixé à Paris vers 1900. Epris de la Bretagne, il y a composé une série de tableaux que les amateurs se sont aussitôt disputés : « Sortie de messe », « Fumées de Goëmon ». Il appartient à la Société Nationale et s'est consacré avec bonheur à l'interprétation des paysages. Il passe tous ses étés à la campagne en Roumanie et revient à la fin de chaque hiver apporter au Salon des intéressantes notations qu'il a prises là-bas, entre les Carpathes et le Danube.

On n'a pas oublié Gânesco qui dirigea « *Le Nain Jaune* ». Son petit neveu est sculpteur et expose chaque année ses œuvres à la Société Nationale des Beaux-Arts.

Le sculpteur Brancutsy, après un début remarquable, a ralenti sa production. La princesse A. Sturdza — jeune fille, elle se nommait Mlle Mavrocordato — a exposé à la Société des Artistes français. Sa sœur, la princesse Moruzi, habite Paris.

Matzoanu est un sculpteur fort apprécié ici, et aussi Iordanesco.

La Roumanie nous a envoyé quelques bons critiques d'art : Mme Roseti, fille de Calimaki Cathargi, ministre de Roumanie à Paris, auteur d'un ouvrage définitif et bien connu sur *Isabey*.

Depuis vingt ans, Mlle Marie Bengesco adresse à l'*Indépendance Roumaine* des chroniques d'art fort remarquées.

Tous les artistes roumains qui traversent Paris ou qui s'y fixent se réunissent chez elle. Elle a passé la moitié de sa vie au Musée du Louvre. Elle a été très liée avec les conservateurs successifs de ce Musée. Elle a étudié l'œuvre de nos artistes français. On trouvera dans son récent et très intéressant volume « *Mélanges sur l'art français* », les impressions vives, nettes et justes d'une étrangère sur notre art national.

Les archéologues, les historiens d'art sont les hôtes assidus de son salon.

Ses délicates études de critique artistique offrent une documentation complète et justement raisonnée. A propos des salons de 1912, elle écrivait, non sans quelque apparence de raison :

« Il n'y a pas encore bien longtemps que bon nombre de Roumains se plaignaient de ce que la France ne connût pas notre pays ; lorsqu'on leur disait doucement que c'était un peu de leur faute, que l'on devait avoir du talent si l'on pouvait, et en toute occurrence beaucoup travailler pour mériter l'attention d'un grand pays, ils demeuraient dans l'inaction et qualifiaient les Français d'ignorants.

« Ceux de nos compatriotes qui avaient des sympathies pour la France ne parlaient que de l'ignorance géographique des Français ; pour les autres, cette ignorance était aussi universelle qu'irrémédiable ; tous s'aperçurent à la longue que dans le monde de la pensée et des arts on tenait à l'opinion de ces ignorants. Des savants, des littérateurs, des artistes roumains, firent peu à peu leur petite trouée dans le combat intellectuel qui se livre journellement sous les yeux des bons juges.

« En ce mois de mai où Paris ouvre son esprit et son cœur à tous ceux qui ont quelque chose à dire, les Roumains sont placés aux meilleurs endroits, à ceux qui sont le plus en vue, pour faire connaître, apprécier et peut-être aimer notre pays. Grâce à Mlle Vacaresco, notre poésie populaire et nos costumes nationaux triomphent à l'Opéra.

« Il n'est pas de fête musicale qui soit complète sans le concours de Georges Enesco. Il subjugue les foules parce qu'à côté de sa science on lui découvre une âme indépendante, qui apporte un je ne sais quoi d'inconnu et de lointain. Le peintre Gropeano fait une exposition, aux Galeries Georges Petit, plus particulièrement consacrée à nos mœurs rurales et à notre vie monastique.

« Tout Paris défile à cette époque de l'année aux Galeries de la rue de Sèze pour y suivre les ventes célèbres, on ne manque pas de s'arrêter au rez-de-chaussée pour voir l'exposition des peintures roumaines ! »

« Que d'humbles vies, que d'existences de moines, de religieuses, de paysans, encore mystérieuses parce qu'elles touchent de près à une poésie primitive, vont par l'intermédiaire du peintre livrer le secret de leur âme.

Le salon de Mlle Marie Bengesco est un des principaux centres des relations franco-roumaines.

Elle habite rue des Saints-Pères, un hôtel ancien qui a grand air avec sa large cour pavée et son escalier de pierre à rampe de fer forgé. Les hautes fenêtres de l'appartement laissent entrer une belle lumière qui a effleuré au passage les grands arbres touffus des jardins avoisinants. L'architecture du bâtiment est du plus pur xviiie siècle. L'agencement intérieur qu'en a fait l'hôtesse suffirait à rappeler que nous sommes chez l'un de nos meilleurs critiques d'art. Tout y est artistement disposé : boiseries, glaces, trumeaux, panneaux charmants de vieux cuir de Cordoue, meubles séculaires, belles reliures, dessins, aquarelles et photographies qui demeurent là comme de touchants souvenirs d'art.

Souriante et aimable, la maîtresse de céans a bien voulu feuilleter pour moi les mémoires de sa vie.

« A mon sens, me dit-elle, il n'y avait pas de colonie à Paris dans mon enfance. Avant 1870, nos jeunes gens et nos jeunes filles étaient placés soit dans des écoles, soit chez des professeurs particuliers. Leurs parents venaient les voir quelquefois mais n'habitaient pas Paris. Je ne connais d'exception que pour Mme Floresco, la Princesse Elise Philipesco et ma mère. Ces deux dernières étaient très liées, très unies, parce qu'elles avaient le même idéal et qu'elles se dévouaient de tout cœur à leurs enfants et aux enfants de leurs amies.

« Je passais souvent mes dimanches avec une douzaine de collégiens, et la princesse Elise réunissait chez elle nombre de jeunes gens et de jeunes filles.

« J'allai passer quelques années en Roumanie. Lorsque je suis rentrée à Paris, en 1880, je fréquentais des compatriotes que mes frères et que M. et Mme Lahovary ont connu comme moi : les princes Georges et Alexandre Bibesco, M. Alecsandri, dont mon frère a été souvent le chargé d'affaires, parce que notre poète national était sans cesse attiré vers la campagne roumaine (1), M. Cretzulesco qui venait souvent me voir lorsqu'il était ministre à Paris. Il était le père de Mme Lahovary, Constantin Lahovary, un lettré qui avait une grande admiration pour vos écrivains. Quel dommage qu'il ait hésité à prendre lui aussi la plume !

« Le comte Jean Linche a écrit beaucoup de jolis vers français. Il a réuni à Bucarest une admirable collection de miniatures et d'objets d'art.

« Sa femme et lui avaient un délicieux salon. J'ai connu chez eux Leconte de Lisle que j'ai eu le bonheur de voir très souvent par la suite.

« Je nommerai encore ma tante, Mme Golesco, qui a été la dame d'honneur de la Princesse de Wied à son arrivée en Roumanie et qui se consacra à l'éducation des jeunes roumains pauvres à Paris ».

Le comte J. de Linche, qui vient d'être cité, s'est consacré à la création d'une section de l'Alliance Française à Bucarest : ses rares collections d'objets d'art et de miniatures sont bien connues : un numéro spécial et luxueux de l'*Illustration Roumaine* leur a été consacré avec le plus vif succès.

(1) Voir tome Ier de cet ouvrage, page 13.

*
* *

D'autres, sans écrire, se sont voués à la propagande et à la protection des arts roumains chez nous.

Un souvenir est dû à Bellio.

Claude Monnet a été l'ami et le protégé de Bellio. Il lui garde un souvenir reconnaissant.

Bellio a compris et encouragé les premiers impressionnistes. Il a été le premier à voir dans leurs efforts une révolution dans la sensibilité de l'œil et à prévoir une nouvelle étape dans l'art du paysage. La « Gare Saint-Lazare » de Monnet, qui est au musée du Luxembourg, faisait partie de sa collection.

Autour de lui, se groupaient les artistes et les critiques qui combattaient alors pour les idées nouvelles. Gustave Gallimard, qui l'a beaucoup connu, en parle encore avec la meilleure sympathie et Gustave Geoffroy lui a consacré quelques pages dans son volume « *La Vie artistique en 1894* ».

Le prince Georges Stirbey a recueilli Carpeaux chez lui après la guerre et l'a soigné jusqu'à ses derniers moments.

Il a fait don des dessins de Carpeaux aux musées du Louvre et de Valenciennes. C'est lui qui, en 1874, acheta « L'Amour blessé ».

Nous devons encore à la Roumanie des architectes : Douca, Berendey, Antonesco, tous élèves
de l'Ecole des Beaux-Arts.

Et j'ai nommé déjà (1) les artistes roumains
fixés chez nous : Mmes de Nuovina, Ventura, les
sœurs Cocéa, MM. Enesco, de Max, Floresco,
Barotzi, Olmazo, tous deux premiers prix de
violon au Conservatoire en 1910 ; Mlle Delavran-
céa, premier prix de piano en 1907 ; Boscoff,
Mlle Solakoglu, etc.

*
* *

Les travaux de l'esprit ne sont pas moins culti-
vés chez nous par les Roumains que les travaux
d'art ; les lettres, les sciences leur doivent d'utiles
contributions.

On ne saurait parler des savants et lettrés
roumains à Paris sans renvoyer le lecteur au beau
livre de M. Georges Bengesco, ministre plénipotentiaire, membre correspondant de l'Académie
roumaine, lauréat de l'Académie Française, « Bibliographie Franco-Roumaine depuis le commencement du XIXe siècle jusqu'à nos jours ».

De tous les ouvrages qui ont été publiés en
France sur la Roumanie, tous ne sont pas signés
par des Roumains. Mais il serait aisé d'extraire

(1) Voir tome I.

de cette complète et savante nomenclature une bibliographie minutieuse de tous les ouvrages où des voix roumaines s'élèvent pour exalter les sentiments francophiles des Moldaves et des Valaques.

A cet égard, le chapitre des thèses de doctorat soutenues par des Roumains devant les Facultés de Paris, Facultés de droit, de médecine, des lettres et des sciences, est édifiant et constate de la façon la plus éloquente l'assiduité de la jeunesse roumaine qui, de tous temps, est accourue pour entendre et vénérer la parole de nos maîtres.

Le livre de M. Pompiliu Eliade, docteur ès-lettres, ancien élève de l'Ecole Normale supérieure de la rue d'Ulm « *Histoire de l'esprit public en Roumanie au* xixe *siècle* » (Paris 1905), est un ouvrage remarquable et qui fait autorité ainsi que son étude sur l' « *Etat de la Société roumaine à l'époque des règnes Phanariotes* » (Paris 1898).

N'oublions pas la belle thèse de N. Apostolesco « *L'Influence des romantiques français sur la littérature roumaine* ».

Mlle Emma Sakelaridès, docteur de l'Université de Paris, a pris pour sujet de sa thèse *Alfred de Vigny* : elle a publié une édition critique de la correspondance de cet auteur et aussi des ouvrages intéressants sur saint Simon et son temps.

Une belle place est due à M. Alexandre A.-C.

Sturdza, auteur de l'important ouvrage *La Terre et la Race roumaines*, encyclopédie intelligemment conçue et indispensable pour tout ce qui touche au passé et au présent de la Roumanie, à tous les points de vue.

M. Alexandre A.-C. Sturdza a publié également à Paris, de bonnes études sur Marc-Aurèle, sur la Roumanie préhistorique, sur l'influence byzantine en Roumanie, sur l'histoire diplomatique des Roumains de 1820 à 1860, sur la lutte pour la couronne dans les pays roumains au XVIe et au XVIIe siècle.

Il professe actuellement à la Sorbonne un cours libre très suivi sur l'histoire de la Roumanie. Il est un de ceux qui travaillent avec l'ardeur la plus efficace à l'échange réciproque des idées et des sympathies entre notre pays et le sien.

— La Roumanie, a-t-il écrit, je le déclare tout haut, sans crainte d'être démenti, la Roumanie a tout à gagner à conserver la tradition latine, la tradition française comme élément constitutif de sa culture intellectuelle. La Roumanie est latine d'origine et d'aspirations ; elle a constamment mis son orgueil à le dire et à le répéter. Des affinités séculaires l'unissent à la France, et, qu'on me permette de l'affirmer en bonne connaissance de cause, il n'est absolument personne en Roumanie qui songe à briser ces liens devenus sacrés. Nous ne sommes ni Slaves, ni Germains, ni Turcs ; nous sommes Roumains, c'est-à-dire Latins, et partant ethniquement apparentés à la France. La Roumanie moderne poursuit la réalisation d'une œuvre éminemment nationale, mais elle aime sa sœur aînée, sa bienfaitrice, la France. »

Il est juste encore de mentionner le prince Michel Soutzo, et pour ses remarquables travaux de numismatique romaine et pour la ferveur de son amitié envers la France.

Il n'a cessé, dans son pays, de combattre pour la cause franco-roumaine, parfois attaquée et même ridiculisée sous le nom de *frantzuzisme* par des nationalistes à tous crins.

Ancien élève de l'École Centrale de Paris, ingénieur des Arts et Manufactures, ancien gouverneur de la Banque Nationale de Roumanie, M. Michel Soutzo a signé l'une des plus enthousiastes protestations en faveur de la France. Il écrivait :

« Parmi nous, ceux qui ont le devoir de parler et d'agir les premiers sont sans conteste les Roumains — et ils sont légion — qui ont fréquenté les écoles françaises ; ils occupent partout les premières places parmi les conducteurs de tous nos partis politiques, sans distinction, aux sommets de notre magistrature et de notre enseignement.

« Les avocats les plus éloquents, les médecins les plus habiles, les savants les plus réputés, à peu d'exceptions près, se sont abreuvés de lumière à la source généreuse et féconde de la civilisation française.

« Ils doivent la haute situation qu'ils occupent aujourd'hui à leur supériorité intellectuelle, et cette supériorité elle-même à la culture française: Ils ne peuvent sans déchoir rester immobiles, au milieu de l'odieux mouvement gallophobe qui se dessine autour d'eux.

« La pudeur, à défaut de la reconnaissance, les obligerait à agir, si un devoir patriotique plus impérieux encore ne leur en faisait une loi. Ils le doivent d'autant plus que leur autorité est plus grande ; nul ne peut, en effet, suspecter leur patriotisme ; ce sont eux et leurs aînés disparus qui ont créé la Roumanie moderne et l'ont élevée au rang qu'elle occupe. Presque tous les progrès réalisés par la nation roumaine depuis cinquante ans portent l'empreinte de leurs mains. Ils sont les meilleurs parmi les compatriotes, car leur éducation française n'a fait qu'épurer, sans le refroidir, leur patriotisme. »

Ajoutons que ses travaux sur les finances de son pays l'ont amené à l'étude approfondie, non seulement de la numismatique antique, mais encore du système financier des Romains, des Grecs et des peuples d'Orient dans l'antiquité. Ses travaux considérables font autorité dans le monde savant tout entier. Le témoignage de M. Babelon suffirait à en constater la haute valeur.

Si maintenant nous passons sur le domaine des sciences, il convient de faire ici une place à N. Vaschide, qui fut chef des travaux au Laboratoire de Psychologie physiologique de l'Ecole des Hautes Etudes à la Sorbonne. Esprit remarquable, dont François de Curel disait : « Il y a quelque chose de tragique dans son labeur. »

Vaschide fut un des plus précieux collaborateurs d'Alfred Binet et du docteur Toulouse. Ses travaux sur la patholoige du cerveau sont de premier ordre. Des prix importants ont souvent récompensé soit ses inventions d'appareils délicats pour les études de laboratoire : gustatométrie, audiométrie, olfactométrie, soit pour l'ensemble de ses recherches dont il publiait les résultats dans les revues savantes et dans des volumes hautement appréciés : la psychologie du rêve au point de vue médical (1902) ; la psychologie du délire dans les troubles psychopathiques ; la logique morbide ; la psycho-physiologie des monstres humains : un anencéphale, un xiphopage ; la technique de psychologie expérimentale ; les hallucinations téléphatiques, la psychologie de l'attention ; la pathologie de l'attention ; le sommeil et les rêves.

Il se pencha sur ce monde mystérieux et troublant des manifestations cérébrales, indécises, incomplètes ou monstrueuses. Ses communications aux Académies des Sciences ou de Médecine étaient toujours attendues et remarquées.

Il est mort en 1907, en laissant inachevés des travaux importants dont quelques-uns ont pu être publiés par sa veuve. Ce fut un esprit puissant et complet, doué d'une grande érudition littéraire, artistique, scientifique et d'une faculté de travail indomptable.

Sa veuve, Mme N. Vaschide, fille du docteur Z. Zamfiresco, professeur à la Faculté de Médecine de Iassi, bachelière ès-sciences et ès-lettres à l'âge de seize ans, est digne du grand nom qu'elle porte. Sa thèse de doctorat sur la conquête de la Dacie fait autorité, et elle a su conquérir une place honorable dans le monde de l'archéologie, où elle entra sous le patronage de ses maîtres René Cagnat et Héron de Villefosse.

Ne quittons pas cette famille sans nommer la sœur de Mme Vaschide, Mme Bar, bachelière ès-lettres et ès-sciences, licenciée ès-sciences, docteur ès-lettres, historien très averti de *Ménage Philologue*, et auteur d'utiles travaux en grammaire.

Mlle Pompilian a fait des mémoires remarqués de chimie et de minéralogie.

Le docteur Levaditi est assistant à l'Institut Pasteur, ainsi que le docteur Cantacuzène.

Emile Racovitza, docteur ès-sciences naturelles,

est directeur du laboratoire de Banyuls-sur-Mer et
chargé de travaux à la Sorbonne. Il est une per-
sonnalité scientifique très appréciée. Il a été attaché, pour l'étude des questions qui sont dans son
domaine, à l'expédition au pôle sud, envoyée par
l'Etat belge sur *La Belgica*, du capitaine Gerlache.
Il avait été désigné pour cette mission par la Sorbonne.

Cette bienfaisante pénétration des savants roumains en France n'est pas prête de s'arrêter. Des
générations grandissent et se forment qui fourni-
ront l'avenir de travaux non moins utiles et remarquables.

Depuis 1850 jusqu'à aujourd'hui, quatre cents
Roumains ont été reçus docteurs en droit et en
médecine, sans compter, depuis 1894, trente-cinq
docteurs ès-sciences et dix docteurs ès-lettres.

*
* *

Ce mouvement ne se ralentit pas. La Faculté de
Droit de Paris et la Faculté de Lettres, l'Ecole
Centrale comptent de nombreux étudiants roumains qui rentrent dans leur pays après avoir noué
ici de solides et durables amitiés. Leur séjour parmi
nous contribue de façon singulière à nous faire connaître et leur pays et leurs pensées.

Il faut aller chez eux, il faut vivre un peu parmi

les étudiants roumains de Paris, pour comprendre l'affinité étroite qui unit leur pensée à la nôtre et qui prépare un avenir d'entente et de cordialité. Il faut aller là-bas, rue Dante, au cercle des étudiants roumains. Il fut fondé sous le patronage de Mme A. E. Lahovary, femme du ministre actuel du royaume de Roumanie à Paris.

Cette grande dame, intelligente, active et obligeante, dépense en travaux utiles, en bonnes œuvres, en belles initiatives son temps et sa pensée. Ses salons de l'avenue Malakoff sont le rendez-vous de toutes les personnalités du monde diplomatique, politique et artistique. Elle en fait les honneurs avec une grâce parfaite, assistée de ses deux charmantes filles. Elle est passionnée d'histoire ; elle a le culte du passé. Les portraits de ses illustres ancêtres dressent sur les murs les hautes coiffures noires et carrées des vieux boyards aux houppelandes bordées de fourrure. Elle réunit et possède une rare collection de documents anciens : vieux papiers jaunis sur lesquels revivent la gloire, l'héroïsme ou la tristesse d'autrefois.

Depuis son arrivée, elle a contribué à créer ce qui manquait aux Roumains de Paris : un centre intellectuel et moral de réunion. Rue Pierre-Curie, elle a fondé un home qui réunit toutes les jeunes filles roumaines appelées à Paris pour leurs études ou pour leurs travaux. Rue Dante, elle a créé un cercle des étudiants roumains où ceux-ci peuvent se réunir autour de la table commune pour les repas, le travail, la lecture.

Parfois, des voitures et des autos s'arrêtent le soir devant la porte. La grande salle du bas est illuminée ; une scène est dressée ; des caricatures en silhouettes noires tapissent la toile du fond. Il y a ce soir-là réception à la maison des étudiants roumains. Tous les jeunes gens qui savent faire quelque chose paient de leur personne : des poètes, parmi lesquels Ion Pilatt est déjà remarqué, disent leurs vers. Socrate Barozzi fait chanter et pleurer les cordes de son violon avec toute la sensibilité troublante des laoutars. Puis les trois coups sont frappés et c'est une petite revuette de fin d'année écrite, jouée et chantée en roumain par les auteurs. Et les éclats de rire fusent d'un bout à l'autre de la salle que garnissent les femmes en toilettes de bal et les invités en habit noir.

Parmi ceux-ci, près de M. E. Lahovary, ministre plénipotentiaire du royaume de Roumanie en France, quelques grandes dames de la colonie roumaine sont venues apporter à ces jeunes gens le témoignage de leur gracieuse présence. Et voici encore, non loin de Michel Holban, directeur de la *Revista Idealista*, M. Mario Roques, le plus averti des philologues, à qui le Gouvernement roumain a confié l'honneur d'occuper à la Sorbonne la chaire de philologie roumaine. Aussi est-ce M. Mario Roques qu'un groupe d'étudiants a choisi pour présider une société de création récente, faite pour resserrer les liens entre les étudiants roumains et les étudiants de Paris, l'Association Universitaire Franco-Roumaine, qui se manifeste par une série de conférences intéressantes données chaque mois, le soir, dans un amphithéâtre de la Sorbonne.

Le séjour de ces jeunes étudiants à Paris emprunte assurément beaucoup d'agrément à l'affabilité avec laquelle ils sont accueillis ici par leurs aînés et leurs compatriotes. On les rencontre dans les salons de la colonie roumaine et surtout dans les salons de la légation où ils sont les bienvenus.

***

Le ministre actuel, M. A. E. Lahovary, a conquis, dès son arrivée, toutes les sympathies parisiennes par son affabilité, sa distinction prudente et sa haute intelligence.

Les bureaux de la Légation du royaume de Roumanie sont installés 122, rue de la Boëtie. On y trouve l'accueil le plus aimable et le plus empressé.

M. Alexandre-Em. Lahovary, envoyé extraordinaire et ministre plénipotentiaire, est entouré d'un état-major particulièrement sympathique : M. C. Argetoyano, conseiller ; M. Jean Lahovary,

premier secrétaire ; M. Emmanuel Rosetti-Rosno-
vano, deuxième secrétaire ; M. Jean Gheorghiu et
M. N. Lahovary, attachés ; le prince Demètre
Soutzo, capitaine de cavalerie et attaché militaire ;
M. Michel Holban est attaché commercial.

Le Consul général est M. Léopold-Louis Dreyfus,
M. Davis est chancelier.

Les bureaux du Consulat général sont rue de la
Banque, 2 et 4.

Nous avons traversé rapidement quelques salons,
quelques laboratoires, quelques cabinets de travail,
et partout nous avons trouvé le sourire affable et
accueillant de nos amis.

Il nous reste à saluer la petite chapelle roumaine fondée par l'archimandrite valaque, Josaphat Znagovano, rue Saint-Jean-de-Beauvais. (1)

Là, le cœur de la Roumanie bat religieusement
devant l'iconostase et dans la musique impression-
nante des hymnes orthodoxes. C'est vraiment une
enclave roumaine à Paris. C'est là qu'il faut venir
aux grandes fêtes, à Noël, au Vendredi Saint, à
Pâques, aux mariages, aux enterrements, pour
suivre à travers le cérémonial les palpitations de

(1) Pour la description et l'historique, voir les Guides de
Paris ; *Inființarea capelei Romane din Paris arhimandritul
Josaphat*, par Preotul Econom V. Pocitan, Bucarest, 1913,
et dans les *Convorbiri Literare*, décembre 1912, *Din Trecu-
tul capelei Romane din Paris*, par Jerod Calinic J. Popp
Serboianu.

l'âme nationale. Lorsque les mariés reçoivent des mains du prêtre le chapeau de fleurs, et quand le cortège esquisse autour de la table sainte une hora populaire, il semble que les murs s'ouvrent sur le panorama infini des plaines du Danube, peuplées d'agriculteurs qui rapportent aux floraisons et aux frondaisons toutes les émotions et toutes les joies. C'est le rite orthodoxe, mais fleuri et embaumé par des souvenirs du culte de Cérès.

Le personnel actuel du clergé roumain de Paris est ainsi composé :

L'Archimandrite Césaire Stephano, Supérieur, et le Diacre Titus Georgesco.

MM. Nicolas et Etienne Popesco dirigent le chœur.

En entrant dans la petite chapelle qui fut avant 1880 la chapelle de Saint-Jean l'Evangéliste dans le couvent des Frères Prêcheurs, nous retrouvons les Roumains chez eux, et nous fermons ainsi la boucle de ce rapide voyage circulaire qui nous ramène de Paris à Bucarest.

*_**

Il faudrait un économiste pour mettre à cet ouvrage la conclusion qu'il comporte. Il montrerait une Roumanie prospère, florissante, capable d'égaler ses ressources à ses ambitions ; il solliciterait l'attention de nos industriels et de nos commerçants envers un pays riche, ami de nos industries, épris de nos goûts, passionné de notre art, et communiant intimement avec notre esprit. Il souhaiterait que la France ne dédaignât pas plus longtemps l'appel fait là-bas à nos capitaux et à nos entreprises.

Le meilleur argument dont il appuierait son exhortation serait tiré de l'affinité de race qui unit d'une affection familiale Roumains et Français. Et ici l'industrie se rencontre avec la littérature, puisque c'est cette unique préoccupation qui a présidé à la pensée d'où est sortie cette modeste gerbe de *Feuilles de Route en Roumanie*.

TABLE DES MATIÈRES

TOME II

A travers le Pays

	Pages
Préface	7
L'arrivée	13
La Cour royale : Le Roi Carol I. — La Reine Elisabeth. — Sinaïa. — Effet de neige. — Le Pelesch. — Déjeuner à la Cour. — Castel Pelesch. — Les Vendredis de la Reine. — Le Prince Ferdinand. — La Princesse Marie. — Cotroceni. — Peleschor. — Les appartements d'une Altesse Royale. — Beauté et Bonté	18
Bucarest : Le Passé. — Ce qu'on connaît de de la Roumanie en France. — Essai de Bibliographie franco-roumaine. — Plan de la Ville. — Principales rues. — Rue de la Victoire. — Le centre des Affaires. —	

Pages

Place du Théâtre. — Au Palais-Royal. — L'Athénée. — La Chaussée. — La rue Lipscani. — Les Eglises. — Les Musées. — Les grandes institutions. — Jardins et Statues. — Les Hôtels. — Les Fiacres. — Les Lipovans. — Types de la rue. — Dans les Ministères. — A la Chambre des Députés. — A la Caserne. — La Vie mondaine. — Vers l'Ouest. — Dans les Faubourgs. — Fantôme d'Orient. — L'Exposition de 1906. — La Légende des Races. — Un Examen de Conscience national   45

Les Œuvres d'Assistance par le Travail : Intervention de la Reine et de la Princesse. — Mme de Pompadour. — Fonctionnement d'une œuvre d'assistance privée. — Art et Salaire. — Collections d'échantillons anciens. — Une Société protectrice des animaux. — Un souvenir aux oies du Capitole.   114

Au monastère de Cernica : En sortant de Bucarest. — La campagne. — Le monastère. — Habitants et paysage. — Un déjeuner pittoresque. — Au cimetière. — Un héros de Plevna. — Le Royaume fleuri du Silence. — L'art religieux. — Une collection dans une koula. — Tapisseries, Orfè-

Pages

vreries sacrées, Tissus d'Orient, Trésors
monastiques, Tiares et Icones.......... 126

Paysans du Danube : Paysans et paysannes.
— Costumes colorés. — La Colonne Trajane. — Le costume des femmes. — Grandes dames et paysannes. — La Roumanie
qu'on ne voit pas. — La question agraire.
— La Jacquerie de 1907. — En wagon. —
Les Turcs ont passé par là. — Chaumines
et Habitations à bon marché.......... 148

De quelques usages : Les Laoutars. — Les
trilles de la flûte de Pan. — La fête des
Moschi. — Une foire nationale. — Les
Martzisoar. — Une gracieuse coutume. —
La Croix de la Princesse. — Les insolations. — Poésie et Soleil. — Les enterrements. — Une histoire comique de cimetière. — Le grand-père réincarné. — Le
quartier juif. — Le pourim. — Les clow-
neries de Joad...................... 168

Slanic de Praohva : Une coquette ville d'eau.
— Jolie église ancienne. — Vieilles peintures. — Analogies avec nos Mystères. —
Dans la Saline. — Une nef de sel. — Le
travail d'une excavation. — Les Saulniers blancs ceinturés de rouge......... 187

En province : Iassi. — Les Juifs. — Les Etu-

Pages

diants. — Les Eglises. — Les trois Hiérarques. — Influence néfaste de Viollet le
Duc. — Craïova. — En venant de Hongrie. — Une ville prospère. — Chasse au
sanglier. — Beaux édifices. — Un autel
consacré à Minerve. — L'admirable parc
de Craïova. — Une doctoresse ès-lettres.   201

Adieux...........................   221

Les Roumains à Paris : Aperçu des rela-
tions de la France et de la Roumanie.
— Le premier Roumain en France,
Ronsard. — Sous les Phanariotes. —
La Révolution et l'Empire. — Le rôle
de la France dans l'Indépendance rou-
maine. — Roumains et Polonais à Paris.
— Frédéric Chopin et les Roumaines. —
La Roumanie aux Expositions Univer-
selles de Paris.

Les relations des voyageurs roumains à
Paris. — Les mémoires de Nicolas Kret-
sulesco. — Impressions de quelques-
uns : Philippesco, Ad. Xénopol, Sandu
Aldéa, Trafali, Steuremann, Fagure,
Ionesco, Gion, Archibald, Mestugeano,
Léon Lahovary.

Les Mécènes de l'Alliance franco-roumaine.
— Les chaires roumaines à Paris. — Les

Pages

artistes. — Les critiques d'art : Mlle Marie Bengesco. — Les écrivains : M. Georges Bengesco, P. Eliade, Apostolesco, Emma Sakelaridès, A. Sturdza. — Les savants : Michel Soutzo, Vaschide, etc. — Les étudiants roumains. — Le cercle de la rue Dante. — Le home de la rue Pierre-Curie. — La légation roumaine. — Le consulat. — La chapelle roumaine de la rue Jean-de-Beauvais. — Conclusion...................... 225

Nantes. — Imp. A. DUGAS, 5, quai Cassard.

www.ingramcontent.com/pod-product-compliance
Lightning Source LLC
LaVergne TN
LVHW050359060726
842524LV00002B/405